HILMER & SATTLER und ALBRECHT
1968 – 2012

Eleganz in diesem ihrem Widerstreit

Testo introduttivo di // Introductory essay by
Werner Oechslin

AIÓN

MAESTRI DELL'ARCHITETTURA // MASTERS OF ARCHITECTURE

Collana diretta da // Series edited by

Massimo Fagioli

AIÓN EDIZIONI

Via San Michele a Monteripaldi 11 - 50125 - Firenze - Italia

Tel. +39 55 222381 - aion@aionedizioni.it

Cura redazionale e traduzioni in italiano
Copy-editing and italian translations
Eliana Martinelli

Traduzione in inglese
English translations
Anna Stüler-Tacke

Traduzione in italiano del testo di Werner Oechslin
Italian translation of the text by Werner Oechslin
Anabel Gelhaar

Crediti fotografici // Photo credits
Johannes Moegelin: 55, 56, 58, 64, 65, 66, 70, 71, 74, 75, 77, 78, 79, 80, 81, 131, 154, 163, 168, 170, 171; Stefan Josef Müller: cover, 32, 35, 36, 37, 38, 39, 59, 60, 63, 67, 68, 82, 85, 86, 88, 89, 90, 94, 95, 96, 97, 99, 100, 101, 103, 105, 106 top, 107 top, 108, 109, 110, 111, 112, 113, 132, 135, 136, 137, 140, 142, 143, 144, 145, 147, 148, 149, 153, 155, 158, 164, 165, 166, 167, 169, 172, 175, 176, 177; Jan Pautzke: 104, 106 bottom, 107 bottom, 121, 138, 139, 184, 185; Reinhard Görner: 128, 129; Wolfgang Borrs: 186; Siegfried von Quast: 20, 22, 24, 25, 116, 118, 120; Katharina Sattler: 23; Thilo Mechau: 42, 47; Barbara Burg: 76; Jens Weber: 122, 125, 126, 127

Stampa // Printed
Peruzzo Industrie Grafiche

ISBN 978-88-88149-94-3

Sommario // Summary

HILMER & SATTLER UND ALBRECHT: LA MEDIAZIONE ATTRAVERSO "L'ESSENZA INTERMEDIA" DELL'ARCHITETTURA

Werner Oechslin

I.
"Chiarezza latina" – lo sfondo culturale.

"Le sue opere erano sempre affascinanti per la chiarezza latina delle loro conclusioni ed enunciazioni". Così Eduard M. Lange giudicava gli scritti di Romano Guardini in una recensione del libro *Der Gegensatz* pubblicato nel 1925. Il libro portava il sottotitolo *Versuche zu einer Philosophy des Lebendig-Konkreten*. In questo suo lavoro Guardini cerca di conciliare i due opposti *"dell'intuizione realistica e della formazione astratta dei concetti"*. Con questo egli ha afferrato un problema centrale che altrove è stato collegato alla crisi del moderno, al contrasto tra pensare e sentire. La "split civilization", come eredità del XIX secolo, la contrapposizione fra scienza e arte e ancora la "personalità dissociata" costituivano per Sigfried Giedion (1941) il piedistallo dal quale l'epoca moderna doveva ricreare il mondo. La filosofia di Guardini non ha bisogno di questa esacerbazione drammatica. Egli trova piuttosto la continuità indomita attraverso l'unione di tali opposti. E perciò confida nella migliore tradizione umanistica. Il pensiero concettuale non deve distruggere la contemplazione vivente. Entrambi devono piuttosto confluire nella *"concretezza vivente"*. Su una tale immagine "culturale" di se stessi si basano anche Hilmer & Sattler und Albrecht, come dimostrano le loro architetture.

In generale le idee di Guardini sono perfettamente adatte alla produzione creativa dell'artista e dell'architetto. L'atto creativo richiede una certa dose di "forza ordinante" e, se deve essere vitale, deve aggiungersi anche un "minimo di potenza creativa". Questo determina la "creazione", e Guardini aggiunge che "L'atto creativo non sottostà ad una regola, che esisterebbe in precedenza, per essere poi realizzata ma, invece, *pone* regole". Per lui questo equivale a dire che *"la vita creativa si mette in gioco in prima persona"* e apre nuove possibilità. Nessuna (moderna) derivazione di immagini ideali e leggi, e di conseguenza, nessun diritto di "validità oggettiva" e nessuna "volontà di sviluppare una visione uniforme del mondo", come aveva chiesto Gropius in quello stesso anno, il 1925! Essa deve *emergere* dalla creazione e in quest'ultima tutti gli opposti si congiungono. Si sviluppa qualcosa, che – sempre secondo Guardini – *deve* valere indipendentemente da qualsiasi pregiudizio estetico: *"E quello che essa (= la creazione) genera, è nuovo"*. Quindi non c'è bisogno di ingredienti alla moda che in modo estetizzante imporrebbero a una costruzione, per così dire, di volta in volta la novità.

Una buona architettura deve creare all'interno di se stessa quell'equilibrio tra astrazione e "intuizione realistica". Il suo compito è proprio quello di fare in modo che qualcosa di interno, intellettuale, si *esprima* in qualcosa di esterno. Le idee devono essere trasmigrate nella sfera della percezione sensoriale e acquistare lì la loro efficacia. Se ciò riesce e tutto giunge all'equilibrio, allora si può percepire in un'opera – secondo l'immagine di Guardini – la "chiarezza latina", un'atmosfera mattutina romana colma di luce, un impulso verso la vita e la chiarezza, caratteristiche tangibili proprie di quella cultura. E per una volta le spiegazioni ardue – il sostrato scientifico del "per via delle cause" – devono retrocedere e dare spazio all'opera luminosa e splendente, concreta e vitale.

HILMER & SATTLER UND ALBRECHT:
THE CONCILIATING "MIDDLE ENTITY" OF ARCHITECTURE

Werner Oechslin

I.
"Latin Lightness" – the Cultural Background.

"His works always fascinated in the Latin lightness of their perception and verbalisation". This is how Eduard M. Lange described the writings of Romano Guardini in a book review of *Der Gegensatz*, published in 1925. Subtitled *Versuche zu einer Philosophie des Lebendig-Konkreten*, Guardini attempts to reconcile the polar opposites of "true to life intuition and abstract concept formation". He looks at a central problem, which has elsewhere been seen in conjunction with the crisis of modernity: the antagonism of thinking and feeling. For Sigfried Giedion (1941) the 19th century legacy of "split civilization", the antagonism of science and art as well as the "split personality" of the modern mind, form the basis, from which modernity is to redesign the world. Guardini's world view does not require this dramatic culmination. In fact, he sees an unwaning continuity in uniting these contrasts, trusting in good humanistic tradition. Conceptual thinking does not necessarily annihilate a true to life world view. Instead, both should come together in "vivacious tangibility". This – cultural – self-image also constitutes the foundation for the work of Hilmer & Sattler und Albrecht; and this is very evident in their buildings.

Guardini's ideas are in perfect accordance with the artist and architect's formative creative process. The act of development requires a certain degree of "ordering power", and to come alive this must be accompanied by a "minimum of creative energy". This is what constitutes "creation", to which Guardini adds: "The creative process is not subject to a preceding rule that is put into practice, but rather *sets* the rule itself". For him this is equivalent to the idea that "creative life characterises itself" – and opens new possibilities. It requires no (modern) interpretation of ideals and laws, and correspondingly neither a claim to "objective validity" or "will to develop a consistent world view" – which Gropius postulated in 1925, that same year! It is to *arise* from creativity; in which all opposites are drawn together. It develops, which – always according to Guardini – *must* apply independently of any aesthetic preconception: "And that which it (= the creative process) brings forth, is 'new'". It does not require any additional – fashionable – ingredients, which would engraft the respective newness onto the building as it were.

Good architecture inherently creates this balance between abstraction and "true to life intuition". Its duty is to transform something inner – spiritual – into an exterior embodiment. Ideas should be conveyed to the realm of sensual perception, where they can take effect. Where this succeeds and everything falls into equilibrium, one can experience Guardini's "Latin lightness – that light infused mood of a morning in Rome and its atmosphere of unmistakable cultural vitality and clarity. And, for once, complicated explanations – the theoretical foundation of "per via delle cause" – have to stand back and make room for the radiant work of vivacious tangibility.

Romano Guardini è il padrino di Christoph Sattler, il quale ha passato a Roma i migliori anni giovanili; là si sentiva più un *Deutschrömer* che un figlio di quel dopoguerra "neorealistico" glorificato dal cinema. Dopotutto, la sua famiglia era per molti versi collegata ad Adolf von Hildebrand, del quale suo nonno era genero e "consulente architettonico" e la cui sorella Johanna era a sua volta sposata con Wolf Dohrn, il costruttore di Hellerau e il primo segretario del Deutscher Werkbund. Il padre di questo, Anton Dohrn, assieme a Hildebrand è rimasto nella memoria di tutti come il fondatore della famosa Stazione zoologica di Napoli. *Cultura e storia* sono per il settentrionale che si trasferisce a sud e a Roma – a differenza di Guardini, che da Verona venne in Germania – il più naturale di tutti i recipienti, nel quale ci si ambienta da soli. La storia a Roma è luminosa, addirittura abbagliante ed il cattolicesimo lascia immaginare, visto così, ancora tutto il suo fascino universale.

Parte di una cultura persa? Al contrario, si ha l'impressione che Christoph Sattler abbia sempre potuto volgere lo sguardo su quell'insieme più grande, all'interno del quale ogni nuova esperienza trova il suo posto. Anche l'incontro indiretto con Mies – e con esso dell'intera storia del moderno – è stato assorbito come da solo nella sua visione globale. Nel suo libro *Der Gegensatz* Guardini aveva sottolineato che la creazione avviene "*quando vuole*" e "*come vuole*" e che non è possibile calcolare o addirittura forzare quello che deriva dalla vita che "*si percepisce come suo proprio senso*".

Questo non è solo l'opinione di Guardini, il quale aggiunge il suo particolare religioso punto di vista nell'orientamento verso Dio, ma corrisponde altrettanto ad un pensiero formulato da Kant all'inizio della sua *Anthropologie* (1798). "Tutti i progressi nella cultura", i quali sono designati "a essere usati dal mondo", hanno *come soggetto più importante l'uomo* stesso "perché lui è il suo stesso fine ultimo".

Dall'uomo deve partire e a lui deve essere finalizzato, recita il (vecchio) credo umanistico. Riguardo all'architettura, Leon Battista Alberti lo ha formulato in modo che la pluralità delle attività e degli interessi dell'uomo si debba esprimere in una pluralità di edifici ("sed pro hominum varietate in primis fieri") – e ovviamente non in un'immagine unitaria dell'architettura. Chi ha tanta familiarità con la storia non ha bisogno di inventarla prima e inseguirla poi con lo scopo della derivazione e della legittimazione. È libero, dedito alla sua creazione e alla sua opera, nella quale si deve manifestare di continuo in modo nuovo e concreto. Nel caso di Hilmer & Sattler und Albrecht la differenza con la "posizione moderna" e con il suo superamento non sta nella sua sostituzione con un nuovo stile o un nuovo *–ismo*, bensì nel posporre la questione dello stile a favore di un processo creativo aperto e vitale che parte dall'uomo e ad esso ritorna. Questo si può ancora descrivere come "umanistico"; esso definisce un "atteggiamento olistico" adatto perfettamente ai compiti dell'urbanistica.

II.
"Gemeinsamkeitsdrang" (L'impulso di comunanza) – la città, l'insieme.

La comprensione fondamentale della cultura influisce e continua sempre. Tradurre questo in una forma adeguata è il compito dell'architetto. La simpatia dei tre architetti per Theodor Fischer, e specialmente per i suoi "Vorträge über Stadtbaukust", si inserisce perfettamente in questo quadro. Già all'inizio del suo pri-

Romano Guardini is Christoph Sattler's godfather. Christoph Sattler spent the best years of his youth in Rome, where he felt more like a *Deutschrömer* than the child from those "neorealist" post war years so often glorified on the silver screen. His family was related to Adolf von Hildebrand in numerous ways. Sattler's grandfather was Hildebrand's son in law and "architectural consultant" and his great aunt Johanna was married to Wolf Dohrn, the founder of Hellerau and the first secretary of the Deutsche Werkbund. In turn, his father, Anton Dohrn, is renowned for founding the famous zoological research station in Naples, in conjunction with Hildebrand. For the northerner who moved south and to Rome – in contrast to Guardini who came to Germany from Verona –, *culture and history* are the most natural of vessels. In Rome, history is everpresent – bright, even bedazzling. And, in this light, Catholicism still allows us to retrace its whole universal charisma.

Part of a lost culture? Quite the contrary. It seems that Christoph Sattler was always able to cultivate his sense for the bigger picture, in which every new experience could find its place. For example, his indirect encounter with Mies van der Rohe, and with it the whole history of Modernism, was absorbed directly into his broad perspective. In *Der Gegensatz* Guardini stresses that creation comes "when it wants" and "how it wants", and that it is impossible calculate, let alone force, the things that emerge from life, which "experiences itself as its own meaning".

Not only Guardini, who added his own special, religious view with its devotion to God, held this view. It also corresponds with the ideas Kant formulated at the beginning of his *Anthropologie* (1798): "All cultural progress" which is inherently applied "for the world's use. But the most important object in the world" to which it can be applied "is the human being: because the human being is his own final end".

This (old) humanistic avowal claims that culture must come from man and be geared towards man. In relation to architecture, Leonbattista Alberti expresses this concept as meaning that the diversity of human activities and interests should be reflected in a diversity of buildings – and certainly not in a uniform notion of architecture – "sed pro hominum varietate in primis fieri". Someone so familiar with history, growing up in its midst, has no need to invent it himself or revise it for the purpose of deduction and legitimation. He is free to turn towards his creativity and work, in which it can continually prove itself in relation to the particular case at hand. The difference between the approach taken by Hilmer & Sattler und Albrecht and the "modern position" as well as its transcendence does not lie in the replacement with a new style or -ism, but in subordinating the question of style in favour of an open, lively process of creation, which assumes a human perspective and in turn leads back to it. This can certainly be described as being "humanistic": it describes a "holistic perspective" that corresponds perfectly with questions of urban planning.

II.
The "Gemeinsamkeitsdrang" (collective impulse) – the City, the Whole

The basic understanding of culture is always in effect as well as constantly evolving. It is up to the architect to translate it into an appropriate form. The three architect's affinity for Theodor Fischer and particularly his *Vorträge* über *Stadtbaukunst* is in perfect accordance with this concept. At the beginning of his first lecture

mo discorso, Fischer si oppone all'istaurarsi di leggi sull'estetica e a "l'arte dovrebbe, l'arte deve". "L'arte dovrebbe e deve *ciò che crea dall'impulso dell'evoluzione*, indipendentemente dalla volontà del singolo ma anche dalla volontà dei tanti". Ma proprio perché è così, bisogna impegnarsi a capirla e a muoversi in essa nel modo giusto, con un proprio impulso creativo. Esiste un'"*estetica pratica*", la quale posa sulla larga base dell'esperienza; anche questo Fischer non lo vuole 'esercitare' in primo luogo, ma piuttosto coglierlo "come fiore ed ultima delle considerazioni", così come capita. Resiste ad ogni tentativo di avvicinarsi alla cosa con una soluzione predefinita. Lavorare nell'urbanistica significa – ancora più di quanto questo valga per il "solo" fare architettura – farsi indietro per rispetto del compito.

Naturalmente questo continua anche la grande tradizione dell'architettura a partire da Vitruvio e Alberti. Dell'attività dell'architetto, l'"*habitus faciendi vera cum ratione*", tratta Aristotele nella sua *Etica Nicomachea*. L'architetto è un essere morale ed in più, come sottolinea Theodor Fischer, un "*zoon politikon*". Per cui egli, l'architetto, con questa responsabilità deve "assumere il ruolo di protagonista nel gioco e la regìa", proprio quando si tratta di un insieme come la città, e si afferma - ancora secondo un termine di Fischer – "Gemeinsamkeitsdrang" (l'impulso di comunanza).

Riferito alla relazione, sempre decisiva nel suo ruolo di pietra di paragone, del tutto con le sue parti, tra la città ed il singolo edificio, per l'architettura di Hilmer & Sattler und Albrecht, è determinante quello che Theodor Fischer ha scritto a questo preciso riguardo: "*Qua c'è calma attraverso la subordinazione della parte singola all'insieme e siccome l'insieme è forte anche le singole parti possono essere ancora differenziate*". Allora questo era ancora riferito alla "vecchia" città storica, in quanto essa – almeno a distanza – si presentava come ritratto attendibile della società. Fischer viveva il suo tempo 'moderno' come stato in cui "l'uniformità non può [più] reggere" e la vita movimentata "rompe" la forma. Allora come trovare l'equilibrio? Questo va determinato per ogni singolo compito, lo dimostrano anche Hilmer & Sattler und Albrecht. In ogni situazione questo va pensato e raggiunto in modo diverso e in relazione alle diverse condizioni. Una nuova "moderna", preconcetta uniformità, oppure un linguaggio architettonico ridotto a una caratterizzazione formale minima e "ubiquitaria", non sono sufficienti. D'altronde, una particolare e specifica modellazione non può nascere soltanto dal casuale capriccio. Ed infine neanche la storia, estrapolata come semplice riferimento stilistico, vale come modello diretto. L'*equilibrio* tra l'insieme urbano ed il singolo edificio deve essere nuovamente definito ogni volta, affrontato e valutato nel suo complesso. La comprensione albertiana della varietà degli uomini, alla quale si dovrebbe rispondere con la varietà dell'architettura, è solo il punto di partenza. La singola forma ogni volta deve essere nuovamente trovata. Alla fine, questo si decide – architettonicamente – con "l'ornamento" secondo l'estesa concezione che gli ha attribuito Leon Battista Alberti; egli vi identifica la creazione nel suo insieme *e l'articolazione architettonica*, incluso l'ordine delle colonne.

III.
"Corporeo, visibile, tattile, fisico". La varietà degli uomini e dell'architettura: l'ornamento.

Che si tratti del famoso First Leiter Building a Chicago di Le Baron Jenney, il quale, con le sue caratteri-

Fischer argues against the approach of setting up aesthetic principles and against the idea that "art should, art must". "Art should and must, *what it creates in the necessity of development*, independently from individual volition as well as from the will of many". However, this intrinsically requires that one should strive to understand the process consciously and relate one's own drive for creation to the context in an appropriate way. There is a "practical aesthetic", developed from a broad basis of experience, which Fischer does not simply want to put into "practice", but rather take as it comes "as the prime and last of all considerations". He resists the temptation of approaching a new challenge with a predetermined solution. Working in the context of town planning requires – more than "simply" creating architecture – standing back with respect for the task at hand.

Naturally this stands in the great architectural tradition of Vitruvius and Alberti. In his *Nicomachean Ethics*, Aristotle describes the work of an architect with "habitus faciendi vera cum ratione". The architect is a "moral" being and, beyond this, as Theodor Fischer stresses, a "zoon politikon". This is why the architect takes on the responsibility as "leading role in the game as well as director", especially when he is dealing with a whole entity such as a city, where – speaking in Fischer's terminology – the "collective impulse" asserts itself.

The essential criterion for the relation between the whole and its parts, between the city and the individual building, which applies so truly to the architecture of Hilmer & Sattler und Albrecht, is described by Theodor Fischer: "Calm evolves from the subordination of the detail to the whole and since the whole is strong, details can be differentiated". At the time, this referred to the "old" historical city, which appeared – at least from a distance – to be a reliable effigy of society. Fischer perceived his "modern" time as a state in which "uniformity can not [no longer] bear up" as the mobility of life "breaks open" the form. So, how to find a balance? Every single project, as the works of Hilmer & Sattler und Albrecht show, has to find its own. The different circumstances of each situation require taking a new approach and plan every time. A new, "modern", preconceived uniformity or an architectural vocabulary reduced to a minimal, "ubiquitarian" formality do not suffice. On the other hand, a particular or specific implementation cannot just result from an incidental whim. And finally, it is no use distilling history to serve as a mere stylistic reference. The balance between the urban design as a whole and the individual building has to be reconsidered and approached and judged in its completeness every time. The Albertian understanding of architecture answering to human diversity with architectural diversity only provides a starting point. There is no way around reinventing the individual form every time. Ultimately – architecturally – this form is determined by the "ornament", defined according to the comprehensive understanding, which Leon Battista Alberti assigned to it: he understood it as the *whole form and architectural articulation*.

III.
"Corporeal, Visible, Tangible, Physical" – The Diversity of Humans and Architecture: the Ornament

Whether we look at William Le Baron Jenney's famous first Leiter Building in Chicago, which inspired the "ornamentation" for the Beisheim-Center in Berlin Tiergarten with its characteristic offsetting at the crossing points of the dominant horizontal and vertical lines, or whether the forms are flatter and more filigree such as

stiche pieghe nei punti d'incrocio tra gli elementi dominanti orizzontali e verticali, fornisce "l'ornamento" per il Beisheim-Centre nel Tiergarten di Berlino, oppure di forme più piatte, filigranate, come nel caso dell'Hotel Ritz, o di contrasti tra luce e ombra che accentuano la struttura, o addirittura di curvature, tutto risponde nel proprio contesto alla questione dell'"ornamento", il quale fa la sua apparizione, in modo adeguato, visibile o anche tangibile. Anche qua la variazione è una conseguenza diretta della – più importante – armonia fra una singola espressione architettonica e l'insieme urbanistico. Le misure formali vengono applicate in modo diverso ed inserite nella 'forma grande', sotto la quale l'edificio è incorporato nella figura urbanistica di una strada o una piazza. La composizione del corpo, dalla superficie fino alla distribuzione delle aperture, – l'"apertio" di Alberti – e la sua versione concreta, formano come insieme l'ornamento urbano.

Come è noto, Alberti ha definito ciò che noi chiamiamo concetto di bellezza attraverso l'armonia ("concinnitas"). La "chiarezza latina" e l'eleganza sono le caratteristiche corrispondenti che descrivono l'effetto. In Semper riemerge l'antica intuizione che il concetto di cosmo sta tanto al più piccolo e singolo ornamento quanto all'insieme ordinato. Le cose sono in questo modo tessute insieme. Il senso più stretto dell'allegoria risulta da un passaggio del saggio di Semper sulla "regolarità formale dell'ornamento ed il suo significato di simbolo nell'arte" (1856): "*La ricca e precisa lingua degli elleni usa la stessa parola per denominare le decorazioni con le quali adorniamo noi e gli oggetti del nostro affetto, come per la più elevata legge naturale e l'ordine cosmico*". Non per niente proprio Semper ha professato più tardi in *Der Stil* (1860) di voler ricercare l'ordine "nella singola parte".

Con la sua furia di far pulizia, l'epoca moderna ha disconosciuto proprio questa relazione e lavato via la "decorazione", in modo che solo proporzioni astratte, per così dire senza corpo, determinavano l'architettura. Ai tempi di Semper, Eduin Bauer, invece, nel suo *Symbolik des Kosmos* (1851) ha differenziato tra parti consce ed inconsce. In questo modo il "psichico, spirituale, incorporeo ed immateriale" si troverebbe contrapposto al "corporeo, visibile, tangibile, fisico". È senza dubbio interessante come in questo l'uno si possa specchiare nell'altro e come ciò venga trasmesso in modo sensibile. È compito dell'architetto percorrere – sotto questo aspetto, del confluire del singolo nell'insieme – la via verso la "rappresentazione", il "tangibile" e verso "l'afferrabile". L'uomo ha bisogno di questo accesso al mondo visibile che per lui deve essere *percepibile*. Secondo questo parametro l'ornamento oscilla fra astrazione e concretezza fisica.

Nel caso di questo fare "all'interno della rappresentazione" si tratta, in senso stretto, di mediazione. "*Siamo esseri intermedi*", ripete Hermann Glockner nella sua ricerca sulla terminologia di Hegel (1924) e ricorre a Herder, Schiller e Hegel per precisare alla fine la nostra posizione nella cultura – e nella storia dell'umanità. Non per niente la filosofia ha spesso usato l'attività dell'architetto come metafora, perché il costruire e l'edificare è molto di più del singolo atto dell'assemblare e giustapporre. Da tanta esperienza nasce l'arte, la capacità di esercitare questo atto di mediazione a favore del mondo esteriore e della percezione sensoriale ivi situata.

Se questo riesce come "chiarezza latina" oppure con il risultato dell'eleganza, diventa ancora più evidente, quale potenziale vi sia nella creazione architettonica – nella ricchezza delle sue possibilità di articolazione.

in the Hotel Ritz Carlton or we find structural forms accentuating the contrasts between light and shadows or even curves: seen in its concrete context everything answers to the question of the "ornament", which becomes visible or even graspable in an appropriate manner. Again, variation is a direct consequence of the – more important – interaction between the individual architectural form and the city as a whole. The formal measures are applied differently and inserted into the bigger picture, as the building is absorbed into the urban shape of a square or a street lined with buildings. The shaping of the surface through to the distribution of openings – Alberti's "apertio" – and its actual structure constitute the urban ornament as a whole.

As is generally known, Alberti defined beauty with "concinnitas", as the skilful composition of parts. "Latin lightness" and elegance are respective characteristics, which describe the effect.

Gottfried Semper brought back the old insight that the concept of "cosmos" stands for the smallest, single ornament in the same way as for the order as a whole. This is how everything is connected. The deeper meaning behind this analogy is explained in Semper's essay on the "Formal Principles of Adornment and its Meaning as a Symbol in Art" (1856): "The rich and precise Hellenic language uses the same word to designate adornment, with which we ornament the objects of our liking, and the highest law of nature and world order". It is no coincidence that Semper later started on his quest in search of the principles "in detail" in *Stil* (1860).

With its cleaning obsession Modernism misjudged exactly this connection and washed away "decoration", so that abstract proportions, quasi bodiless, defined architecture. In Semper's time, Eduin Bauer in his *Symbolik des Kosmos* (1851) for example distinguished between conscious and subconscious parts. The "psychological, spiritual, incorporeal and immaterial" on the one hand accompanied the "corporeal, visible, tangible, physical" on the other. No doubt, it is interesting to look at how each one can mirror itself in the other and how it is conveyed sensuously. It is up to the architect to – under the aspect of the single element expanding into and reflecting the whole – take the respective path towards "representation" to create something "tactile" and "graspable". One needs this point of access to the visible world in order for it to be susceptible. According to this stipulation, the ornament oscillates between abstraction and physical reality.

This process of "representation" in its true sense is one of conciliation. Hermann Glockner repeats "mittlere Wesen sind wir" (we are the middling entities) in his study on the term in Hegel's work from 1924 and draws reference to Herder, Schiller and Hegel, in order to specify our position in relation to culture – and the history of humankind. It is for good reason that the architect's quest has often served as a metaphor for philosophy, as constructing and building is of course much more than a simple act of assembling and joining. The art, the ability, of practicing this act of mediation for the benefit of the exterior world and its perception develops from experience.

When this "Latin lightness" succeeds or elegance comes into being, the potential of architectural creation becomes all the more clear – in the abundance of possible means of expression. In the context of his postulation of *Industriebaukunst* (1913), Walter Gropius described the "elegance of the whole impression" as one of the distinguishing characteristics of future architecture and its "longing for beauty of the exterior form". However,

Gropius aveva descritto nell'ambito dell'*Industriebaukunst* del 1913, da lui propagata, "l'eleganza dell'intera impressione" come una delle caratteristiche dell'architettura futura e del suo "desiderio di bellezza della forma esteriore". Prima però, si trovano pareri più differenziati. Nel suo influente testo *Stilarchitektur und Baukunst* (1902), con il sottotitolo *Wandlungen der Architektur im XIX. Jahrhundert und ihr heutiger Standpunkt*, Hermann Muthesius partiva ancora dalla posizione più cauta, secondo la quale l'uso e la percezione di oggetti dovrebbero essere sì coordinati ma anche corrispondenti a diverse esigenze e abilità dell'uomo. Che cosa sarebbe successo se l'automobile moderna avesse messo in mostra esteriormente soltanto il suo motore interno? Occorreva la forma "simbolica" del taglio aerodinamico della carrozzeria. Muthesius vedeva dunque oltre al precetto della configurazione funzionale – ancora nella migliore tradizione semperiana – "anche una certa eleganza graziosa che si esprime in modo *più simbolico che pratico*"; in seguito egli parafrasava questo come "una certa esiguità pulita della forma", la quale, bisogna dire guardando indietro, centrava perfettamente con la tendenza di ricerca di un'espressione moderna, contemporanea dell'architettura. Ma mentre Gropius propagava un'estetica della meccanica e dell'edificio industriale che doveva ricoprire tutto uniformemente e anticipava così anche il dilemma che tutto il "resto" dei compiti della costruzione, fino alle funzioni rappresentative degli edifici pubblici, veniva intanto congelato per essere nuovamente reinventato faticosamente in modo "moderno", Muthesius riconosceva che l'oggetto e la sua rappresentazione descrivevano due sfaccettature della stessa cosa. Di questa comprensione si nutre il "creare" specifico dell'architetto.

IV.
"...eleganza graziosa, che si esprime in modo più simbolico che pratico".

Decisivo nell'enunciazione di Muthesius della "eleganza graziosa, che si esprime in modo *più simbolico che pratico*" è dunque, che egli riconosce – nello sviluppo della forma - una certa autonomia. Semper a sua volta parlava nel 1860 in *Der Stil* del "principio del rivestimento" come di una forma spiritualizzata "*più nel senso struttivo-simbolico che struttivo-tecnico*", e ha a sua volta individuato qui il potenziale espressivo dell'architetto. Ne consegue quanto concreta questa eleganza doveva manifestarsi nelle superfici e negli ornamenti. Questo si collega perfettamente con la grande tradizione dell'architettura, la quale da sempre ha lavorato, con riguardo per i sensi, allo sviluppo di una "forma visibile". Una delle maggiori opere dell'architettura classica francese ai tempi di Louis XIV si trovava nel portale del Hôtel de la Vrillière a Parigi, disegnato da François Mansart, i cui pregi Germain Brice descriveva come "*une merveilleuse justesse de proportions, une élégance & une pureté dans les profils, jointe à une distribution sage & bien ordonnée de tous les membres d'Architecture que le composent*". Quindi, già allora l'eleganza nell'architettura aveva a che fare con il raggiungimento di un alto livello di perfezione attraverso l'armonia sapiente delle proporzioni e della composizione nella scelta e nella determinazione della singola forma. E con singola forma si intende l'uso concreto di giunti, unioni, profili, sbalzi e rientranze, del "rilievo". "Nella singola parte" e nella concretezza tutto si decide.

differentiated views existed previously. In his influential study *Stilarchitektur und Baukunst* (1902), which carried the subtitle *Wandlungen der Architektur im XIX. Jahrhundert und ihr heutiger Standpunkt*, Hermann Muthesius assumed the more vigilant perspective, according to which the use and perception of objects was to take place in a coordinated fashion, but also correspond to various human needs and aptitudes. What would have happened if the modern car had only presented the inner motor on the outside? It required the "symbolic" form of a streamlined car body. In addition to striving for functional design, Muthesius also called for – still in the best Semperian tradition – seeking "to present this form – more symbolically than practically – with a handsome elegance", which he described as "a certain clean conciseness of form". In retrospect, one can say this was certainly in line with the trend of searching for a modern, contemporary architectural mode of expression. However, while Gropius postulated uniform aesthetics, drawn from machines and industrial buildings, in this also preempting the dilemma that all the "other" aspects of construction all the way through to the representative functions of public buildings were initially put on hold and had to be reinvented in a new, "modern" way, Muthesius recognised that the object and its representations are describing two different facets of the same thing. It is this insight that nurtures the architect's specific act of "creation".

IV.
"– More Symbolically than Practically – with a Handsome Elegance…"

Muthesius' demand for "handsome elegance" inherently requires a certain degree of independence in the development of form. In *Stil* in 1860 Semper spoke of the "principle of adornment" taking shape in a "structural-symbolic rather than in a structural-technical sense". At the same time he distinguished this as the point where the architect's potential for expression lies. This allows us to see the elegance of surfaces and ornaments as a very practical matter, in line with the great tradition of architecture, which always worked towards creating a "visible form" with a sensual quality. In describing the distinguishing characteristics of the entrance portal to the Hôtel de la Vrillière in Paris designed by François Mansart – a referential works of classical French architecture from the time of Louis XIV –, Germain Brice sums this up beautifully: "une merveilleuse justesse de proportions, une élégance & une pureté dans les profils, jointe à une distribution sage & bien ordonnée de tous les membres d'Architecture que le composent". Then as now, the elegance of architecture is due to the skilful interplay of proportion and composition, in which the choice and determination of the individual form reaches a high degree of perfection. And individual form refers to the concrete treatment of joints, of profiles, of mouldings, of ledges and set-offs, of structure and definition. The success of a building's design rises or falls with its details.

It is worth looking closely at Hilmer & Sattler und Albrecht's buildings, focusing on this aspect of concrete composition all the way through to the individual profiling of a window reveal. In a great diversity of varied solutions their buildings prove how "nacked" Modernism can serve as a starting point for a mode of expression

Sotto questo aspetto, della concreta elaborazione, vanno prese in esame le architetture di Hilmer & Sattler und Albrecht, fino alla singola strombatura di una finestra. Qua si mostra in un ampio spettro di svariate soluzioni come la "nuda" modernità possa riacquistare un'articolazione che appaga l'occhio, che restituisce all'astrazione del puro corpo e della grande forma (urbana!) la dimensione umana del palpabile e del tangibile. Qua si congiunge tutto in quella concretezza del vivente, che Guardini estendeva agli opposti. Sono procedimenti e processi che riguardano il lato più intimo delle nostre facoltà di trasmettere le nostre idee al mondo esterno e che hanno fatto parlare Kant delle "antinomie della pura ragione" e "dell'interesse della ragione in questo suo diverbio": "*Ed ecco tutto il gioco dialettico delle idee cosmologiche che non permettono in alcun modo che gli venga dato un oggetto congruente in una qualunque esperienza possibile, e nemmeno che la ragione le pensi all'unisono con leggi generali dell'esperienza, che tuttavia poi non sono pensate arbitrariamente...*".

Kant parla della "presunzione" della ragione che al di là dei confini dell'esperienza si presenta soltanto "*in aride formule*". Quindi premono le "applicazioni" ed il "progressivo ampliamento dell'uso della ragione", per "[sollevarsi] dal campo dell'esperienza, ed [innalzarsi] lentamente fino a quelle idee sublimi". La partenza da qui – "nell'interesse pratico" come anche in quello "speculativo" – è anche la via dell'architetto e del suo "essere creativo"; e il frutto della sua attività permane nell'ambito della concretezza del vivente, di chiarezza latina e di eleganza nell'opera di Hilmer & Sattler und Albrecht.

Werner Oechslin, nato nel 1944 a Einsiedeln (Svizzera), ha studiato presso l'università di Zurigo e di Roma storia dell'arte, archeologia, filosofia e matematica.

Nel 1970 consegue il dottorato a Zurigo, insegna presso il MIT (Boston), Harvard, la Rhode Island School of Design (RISD) e la Freie Universität di Berlino. Dopo l'abilitazione conseguita a Berlino nel 1980 insegna a Bonn e dal 1985 all'Ecole d'Architecture dell'Università di Ginevra. Dal 1985 al 2009 è docente ordinario in Storia dell'arte e dell'architettura presso l'ETH di Zurigo e dal 1987 al 2006 direttore dell'Istituto di storia e teoria dell'architettura (Institut für Geschichte und Theorie der Architektur gta).

È autore di numerose pubblicazioni di storia dell'arte e dell'architettura e in particolare sulla teoria architettonica, sul Movimento Moderno e sul disegno d'architettura. Dal 1981 a 1998 è curatore della rivista "Daidalos". Nel 2006 fonda la biblioteca Stiftung Bibliothek Werner Oechslin a Einsiedeln (www.bibliothek-oechslin.ch<http://www.bibliothek-oechslin.ch).

Riceve il titolo di dottore honoris causa dall'Università di Anversa, dall'USI (Università della Svizzera Italiana) e della TU (Technische Universität) di Monaco. È stato insignito del Premio per la cultura della Svizzera centrale (Innerschweizer Kulturpreis) e nel 2012 della Medaglia Carl Friedrich Gauß della Società scientifica di Braunschweig.

that pleases the eye and returns tangible human dimensions to the abstraction of the pure body and (urban!) scale. This is where all of the vivacious tangibility comes together of the life in its particularity, which Guardini placed above the opposites. These acts and processes touch on our innermost aptitudes, they transport our ideas into the exterior world, and led Kant to speak of the "antinomy of pure reason" and "the interest of reason in these conflicts":

"We have now completely before us the dialectic play of cosmological ideas. The ideas are such that an object congruent with them can never be given in any possible experience, and that even in thought reason is unable to bring them into harmony with the universal laws of nature. Yet they are not arbitrarily conceived". Kant speaks of "pretensions" of reason that strives to extend beyond the limits of experience, but is only represented "in dry formulas". This calls for the "application" and "progressive extension of the employment of reason", in order to – "beginning with the field of our experiences" – "steadily [soar] to these lofty ideas". The path from here – according to "practical" as well as "speculative interests" – is also the architect's path and his "creative essence": and the fruit of his work lies in the realm of vivacious tangibility, full of Latin lightness and elegance in the work of Hilmer & Sattler und Albrecht.

Werner Oechslin, born 1944 in Einsiedeln (Switzerland), studied Art History, Archaeology, Philosophy and Mathematics at the universities of Zurich and Rome.

After completing his PhD in Zurich in 1970, he taught at MIT (Boston), Harvard and Rhode Island School of Design (RISD) as well as Freie Universität Berlin. Following his habilitation in Berlin in 1980, he was a professor in Bonn and from 1985 at the Ecole d'Architecture of the University of Geneva. From 1985 to 2009 he held the Chair for Art History and Architecture at ETH Zurich and from 1987 to 2006 he was also Director of the Institute for History and Theory of Architecture (gta).

Werner Oechslin has published many works on architecture and art history, specialising in architectural theory and architectural drawing. From 1981 to 1998 he was co-editor of the architectural magazine Daidalos. In 2006 he founded the Werner Oechslin Library Foundation in Einsiedeln (www.bibliothek-oechslin.ch).

He is honorary professor of the University of Antwerp, USI (Università della Svizzera Italiana) and TU Munich, and was awarded the Innerschweizer Kulturpreis as well as the Carl Friedrich Gauss-Medal, which he received in 2012 from the Braunschweigische Wissenschaftliche Gesellschaft.

TRE CASE SINGOLE

THREE SINGLE HOUSES

Casa Habermas, Starnberg, 1971-72
Habermas House, Starnberg, 1971-72

Casa Herrlich, Karlsruhe-Grötzingen, 1977-80
Herrlich House, Karlsruhe-Grötzingen, 1977–80

Casa sulle montagne, 2000-03
House in the mountains, 2000–03

Casa Habermas, Starnberg, 1971-72

Habermas House, Starnberg, 1971-72

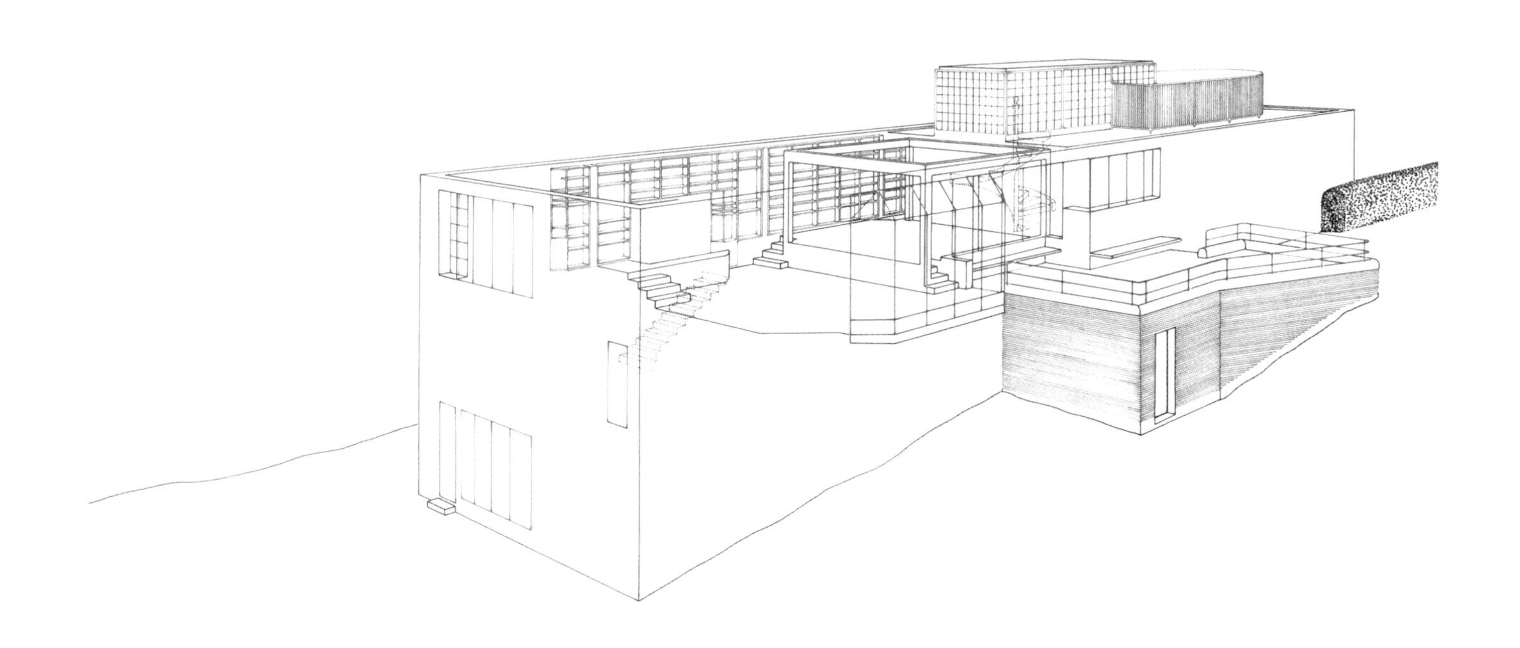

Vista prospettica.
Nella pagina a fianco: vista della casa da nord.

Perspective view.
Opposite page: view of the house from the north.

Vista da nord-ovest.
View from the northwest.

Alle pendici delle Alpi, nella periferia di Starnberg, vicino a Monaco, si trova la casa della famiglia Habermas composta dal papà filosofo, dalla moglie insegnante e dai tre figli. La casa sorge in un quartiere residenziale dove sono presenti architetture di epoche e stili diversi. Gli isolati hanno diverse piantagioni arboree e sono separati da siepi e recinzioni. Casa Habermas sorge su un versante settentrionale piuttosto ripido, delimitato inferiormente da un bosco e da un torrente.

Il confronto con il cliente sulla casa Wittgenstein di Vienna ha rappresentato un importante punto di partenza per il processo progettuale. La pianta si sviluppa all'interno di un parallelepipedo, per un'altezza di un piano e mezzo a sud, sul lato d'ingresso, e di tre piani a nord, a causa della forte pendenza del terreno. La zona abitabile è situata ai piani alti, in modo da essere isolata dal terreno umido dell'ambiente boscoso. Una terrazza sul fronte della casa consente l'ingresso al giardino. I diversi ambienti si susseguono lungo l'asse longitudinale, in modo da rendere subito evidenti le relazioni spaziali e la lunghezza dell'edificio. Anche la biblioteca è posizionata lungo il medesimo asse. Una scala a chiocciola unisce i vari livelli e dà accesso ad una terrazza sul tetto che garantisce una privacy totale, in quanto non può essere vista. La loggia d'ingresso progettata da Blinky Palermo purtroppo non è stata realizzata.

Vista da est con Heiner Friedrich e Blinky Palermo.
View from the east with Heiner Friedrich and Blinky Palermo.

This house is in the foot hills of the Alps on the fringe of the town of Starnberg in the Munich area.

It is surrounded by housing developments dating from various periods and stylistic phases. The blocks differ in character and tree type, and are separated by hedges and fences. The house stands on a relatively steep northern slope whose lower section is wooded and bordered by a brook. A philosopher, a teacher and their three children live in it.

Discussions with the client about the Wittgenstein House in Vienna provided an important starting-point for the design process. The ground plan develops with in a long cube that has one-and-a-half storeys on the southern, entrance side and three on the northern side, because of the slope. The living rooms are placed in the upper floors so that they are raised above the damp, misty forrest ground. Access to the garden is from a terrace in front of the house. The various sections of the house follow one after the other on the long axis. Positioning oneself on this axis makes the spatial links with in the building, and its longitudinal dimensions, immediately obvious. The library is also placed to accompany this axis. A spiral staircase links the floors and gives access to a roof terrace that offers complete privacy as it can not be over looked. Unfortunately Blinky Palermo's design for the entrance loggia wall was not carried out.

Scala di accesso alla terrazza sul tetto.
Stairs to the roof terrace.

Area soggiorno con l'"asse dei libri".
Piante (piano terra, piano interrato).
Living area with "book axis".
Floor plans (ground floor, basement).

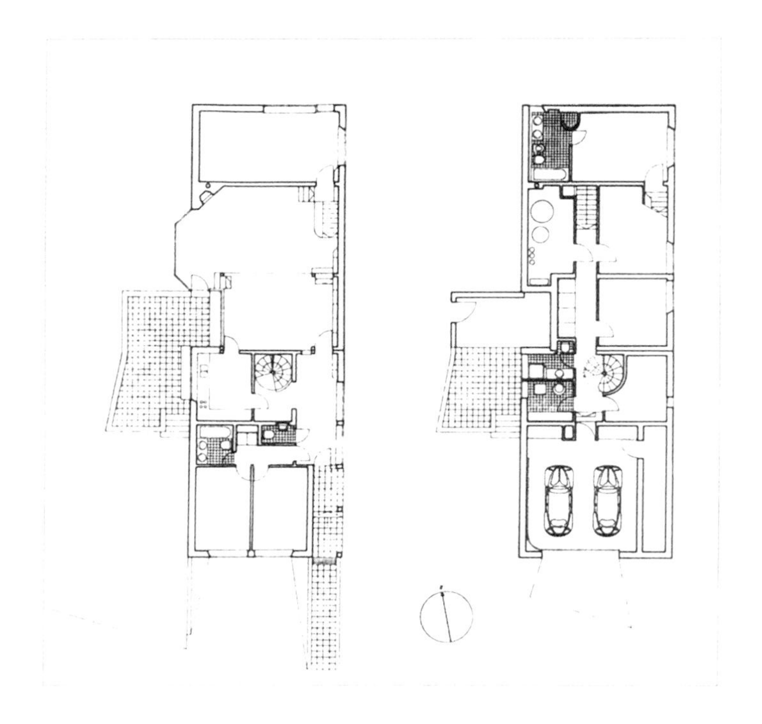

Casa Herrlich, Karlsruhe-Grötzingen, 1977-80

Herrlich House, Karlsruhe-Grötzingen, 1977–80

Schizzo concettuale.
Nella pagina a fianco: vista del lato ovest della casa.

Concept sketch.
Opposite page: view of the west side of the house.

Vista del lato ovest della casa dalla valle.
View of the west side of the house from the valley.

Sulla cima di un pendio coltivato con alberi da frutta che scende fino alla valle del Reno, in una splendida posizione dominante, sorge la casa degli Herrlich. Quando ci è stato chiesto se, in una così suggestiva posizione, la casa avrebbe dovuto accovacciarsi sul pendio oppure spalancarsi sul magnifico panorama, abbiamo scelto senza alcun dubbio questa seconda opzione.

A differenza di casa Habermas, quasi astratta, la casa degli Herrlich ha un'espressività più concreta, dovuta al forte contrasto tra l'austera muratura del corpo di fabbrica e la leggerezza del tetto in acciaio.

Questo edificio sfrutta moderne soluzioni ecologiche: pannelli solari sul tetto, un riscaldamento a bassa temperatura, che permette il collegamento ad una pompa di calore, una stufa in ceramica. Il tetto è particolarmente spiovente in modo da attenuare i raggi del sole d'estate e da permettere al sole invernale di irradiare i muri e le finestre. Sul lato sud, davanti al soggiorno, alberi e una serra aiutano a mantenere una giusta temperatura d'inverno e una buona copertura ombrosa d'estate. Inoltre muri spessi 49 cm e tripli vetri in soggiorno garantiscono un ottimo isolamento termico. Questi elementi – quasi tutti possono essere dati per scontati – determinano l'aspetto della casa ma non prevalgono su di esso: una casa deve restare una casa, non diventare un complesso ecologico.

La pianta quadrata è divisa in tre sezioni, secondo una struttura di base che definisce anche le facciate. Le stanze al piano principale sono distribuite su una pianta cruciforme, ma questo schema si sovrappone con le libere connessioni spaziali tra la zona pranzo, per esempio, il camino, il soggiorno e la serra.

Veduta prospettica della casa da ovest.
Perspective view of the house from the west.

The Herrlich House is beautifully situated on a steep slope planted with fruit trees and running down to the flood-plain of the Rhine. When asked whether, in such a splendid situation, the house should crouch down into the slope more, or whether it can look out into its surroundings with a certain selfconfidence, we decided to go for the latter approach.

Unlike the Habermas House, which is rather more abstract, the Herrlich House is conspicuously real. Its expressiveness derives from the tension between the austere masonry of the body of the building and the light steel roof on top.

This building takes advantage of new ecological insights. It has solar panels on the roof, low-temperature heating, which makes it possible to connect a heat pump, a tiled stove, a highly protruding roof that keeps off the sun when it is high in summer and allows it to shine on the walls and windows when it is low in winter, trees in front of the south side, wich have the same effect, a conservatory in front of the living rooms on the south side, 49 cm thick masonry that provides good insulation, triple glazing for the large expanse of glass in the living room. But these elements – almost all of them can be taken for granted – are not all too dominant as far as the appearance of the building is concerned: a house is a house, not an eco-complex.

The square floor plan is divided into three sections, a basic structure that also defines the façades. The rooms are divided on a cruciform plan on the main floor, but this scheme is over laid with free spatial connections between the dining area, for example, the fireplace, the living room and the conservatory.

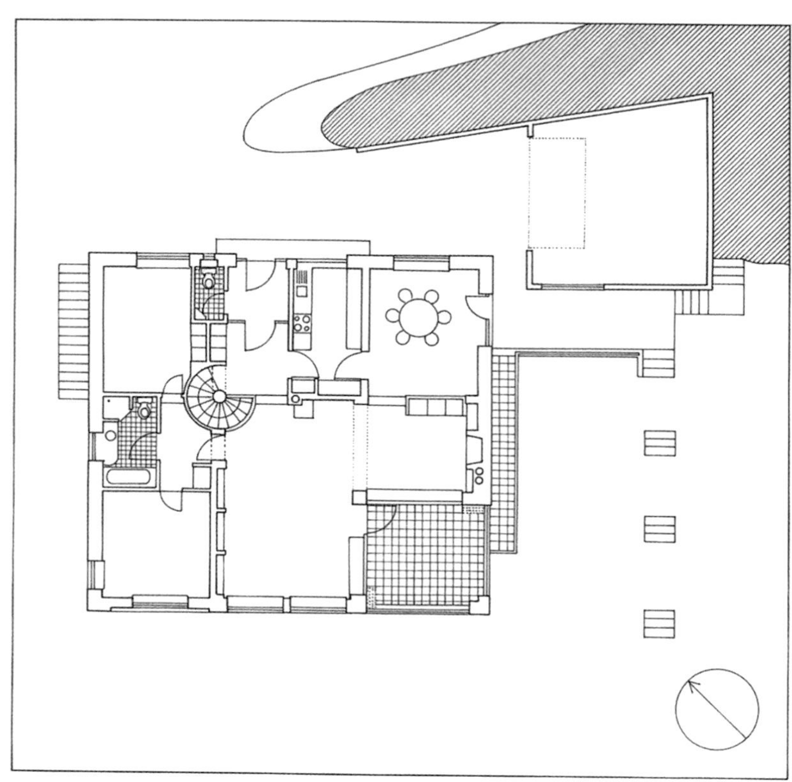

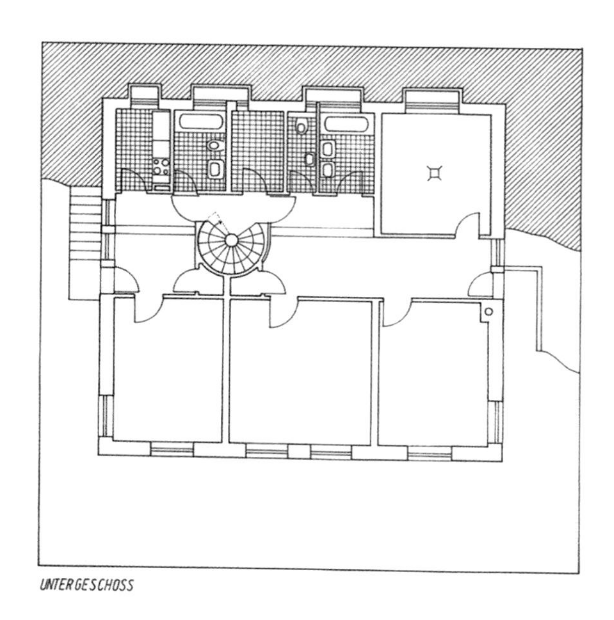

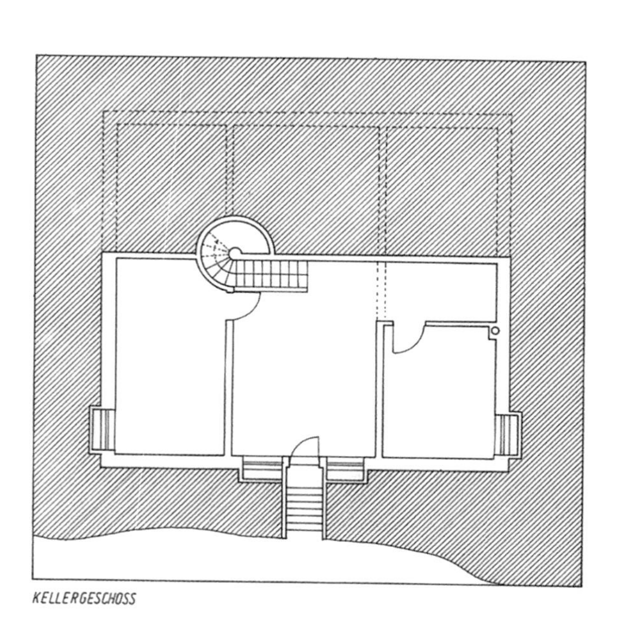

Piante (piano interrato, piano inferiore, piano superiore).
A destra: l'angolo sud-ovest della casa.

Floor plans (basement, lower floor, upper floor).
Right: the southwest corner of the house.

Ingresso al soggiorno.
Veduta prospettica del soggiorno.
Entrance to the living room.
Perspective view of the living room.

Casa sulle montagne, 2000-03

House in the mountains, 2000–03

Schizzo concettuale.
Nella pagina a fianco: vista dell'edificio da sud.

Concept sketch.
Opposite page: view of the building from the south.

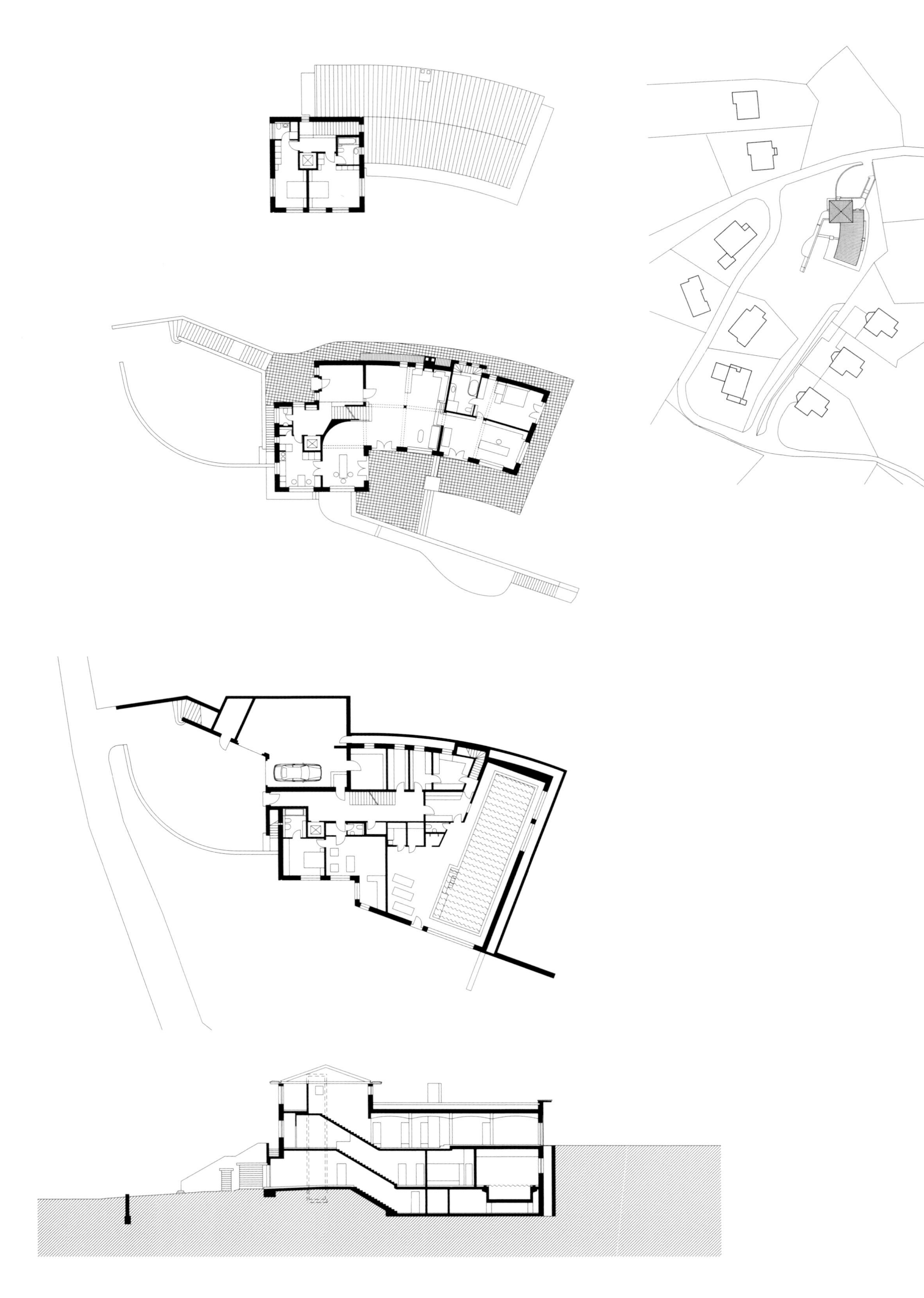

Vista dell'edificio da ovest.
Nella pagina a fianco: piante (primo piano, piano terra, piano inferiore); sezione; planimetria.
View of the building from the west.
Opposite page: floor plans (1st floor, ground level, lower level); section; site plan.

Il progetto si fonda su due idee tettoniche. La prima riguarda la costruzione di un grande muro lungo il pendio per creare una nuova base per la casa e il giardino.

La seconda riguarda la struttura della casa: l'edificio, leggermente curvo, si basa su dei quadrati in pianta di 4,5 metri di lato, sovrastati da una volta molto piatta. Gli elementi incorporati e i muri portanti hanno l'effetto di distanziarsi da questa griglia quasi industriale.

Le aree funzionali quali la zona giorno, la zona pranzo, lo studio, le camere da letto, pur se definite, sono collegate tra loro in modo che, passando dall'entrata alla zona notte, si possa avere una percezione d'insieme.

Sebbene la griglia strutturale faccia avvertire costantemente la propria presenza, ciò che domina è l'espressione individuale di ogni stanza.

L'eccezionale paesaggio circostante ha imposto di costruire grandi finestre rivolte a est e a ovest. Le aree più intime dedicate alla lettura e all'arte si affacciano prevalentemente sul retro.

Vista di dettaglio della facciata.
Nella pagina a fianco: vista dell'edificio da nord;
prospetti ovest e nord dell'edificio.

Detail view of the facade.
Opposite page: view of the building from the north
elevations of the building from the west and from the north.

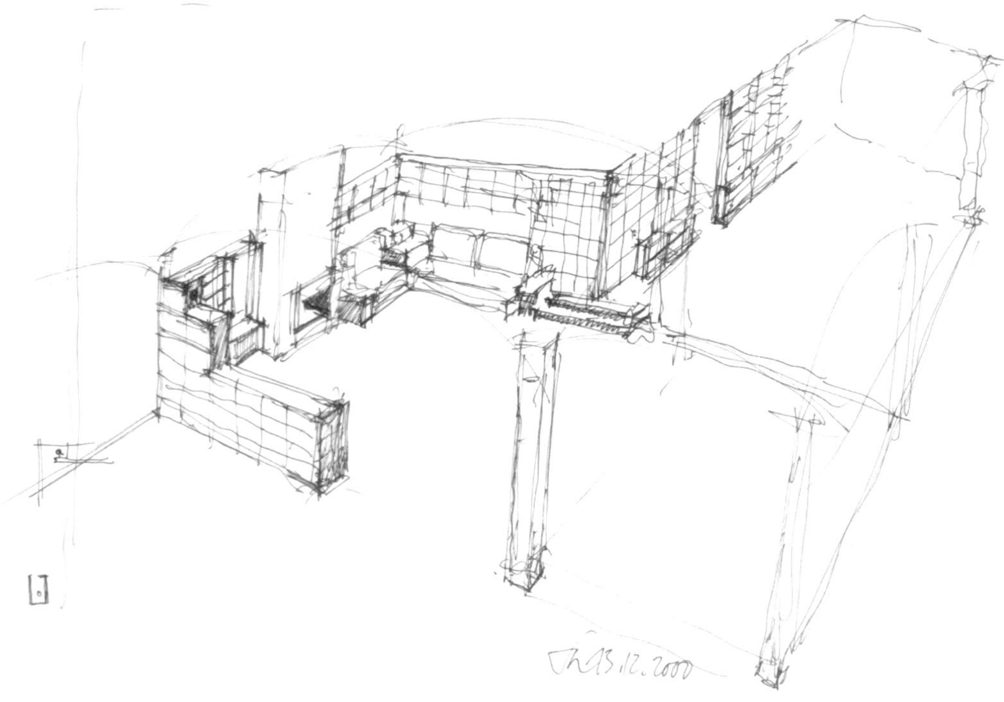

Il soggiorno; schizzo concettuale.
The living room: concept sketch.

Vista interna del soggiorno.
View into the living room.

This design is based on two tectonic ideas. First, in order to create a new level for the house and gardens a high stone wall was built on the steeply dropping site.

Secondly, the slightly curved structure of the house is based on square fields in the ground-plan of c. 4.5 m by 4.5 m, covered by a very flat cove dome. Fitted elements and structuring walls have a distancing effect upon this almost industrial grid. While the functional areas for living, eating, working, and sleeping are defined, the rooms are smoothly connected to each other and can be experienced almost simultaneously when one goes through the house from entrance to sleeping area.

Although the constant presence of the structuring grid is felt subliminally, what dominates is the individual expression of each of the room sections.

The outstanding view of the landscape means that a further principle underlying the building is large openings for windows in southern and western directions. More intimate living zones for books and art works are in the room zones lying more to the back.

TRE PROGETTI DI SVILUPPO URBANO

THREE URBAN DEVELOPMENT PROJECTS

Riqualificazione del centro storico di Karlsruhe, 1969–80
Redevelopment of the old town in Karlsruhe, 1969–80

Potsdamer Platz
Potsdamer Platz
Piano di sviluppo per l'area di Potsdamer Platz / Leipziger Platz, Berlin Mitte, 1991–97
Development plan for the Potsdamer Platz / Leipziger Platz area, Berlin Mitte, 1991–97
Stazione di Potsdamer Platz, Berlin-Tiergarten, 1995–2006
Potsdamer Platz station, Berlin-Tiergarten, 1995–2006
Ritz Carlton e la torre di appartamenti, Berlin-Tiergarten, 2000–03
Ritz Carlton and apartment tower, Berlin-Tiergarten, 2000–03
Edificio per uffici, Beisheim-Center, Berlin-Tiergarten 2000-03
Office Building, Beisheim-Center, Berlin-Tiergarten 2000-03
Sviluppo urbano di Mendelssohn-Bartholdy-Park, Berlino, 1991
Mendelssohn-Bartholdy-Park Urban Development, Berlin, 1991
Edificio residenziale The Charleston, Mendelssohn-Bartoldy-Park 3, Berlino, 2006–10
The Charleston Residential Building, Mendelssohn-Bartoldy-Park 3, Berlin, 2006–10
Stazione ferroviaria sopraelevata MBP
U-Bahnhof MBP
Edificio residenziale e commerciale, Leipziger Platz 8, Berlin-Mitte, 2000–03
Residential and commercial building, Leipziger Platz 8, Berlin-Mitte, 2000–03

Piano di sviluppo, hotel, edifici residenziali e per uffici
Lenbachgärten, Monaco, 2003–07
Urban Development, Hotel, Office and Residential Buildings
Lenbachgärten, Munich, 2003–07

Edificio residenziale e commerciale in Kronenstraße.
Nella pagina a fianco: vista assonometrica dell'area da riqualificare con l'asse del palazzo.
Residential and commercial building in Kronenstraße.
Opposite page: axonometric view of the redevelopment area with axis to the palace.

Riqualificazione del centro storico di Karlsruhe, 1969–80

Redevelopment of the old town in Karlsruhe, 1969–80

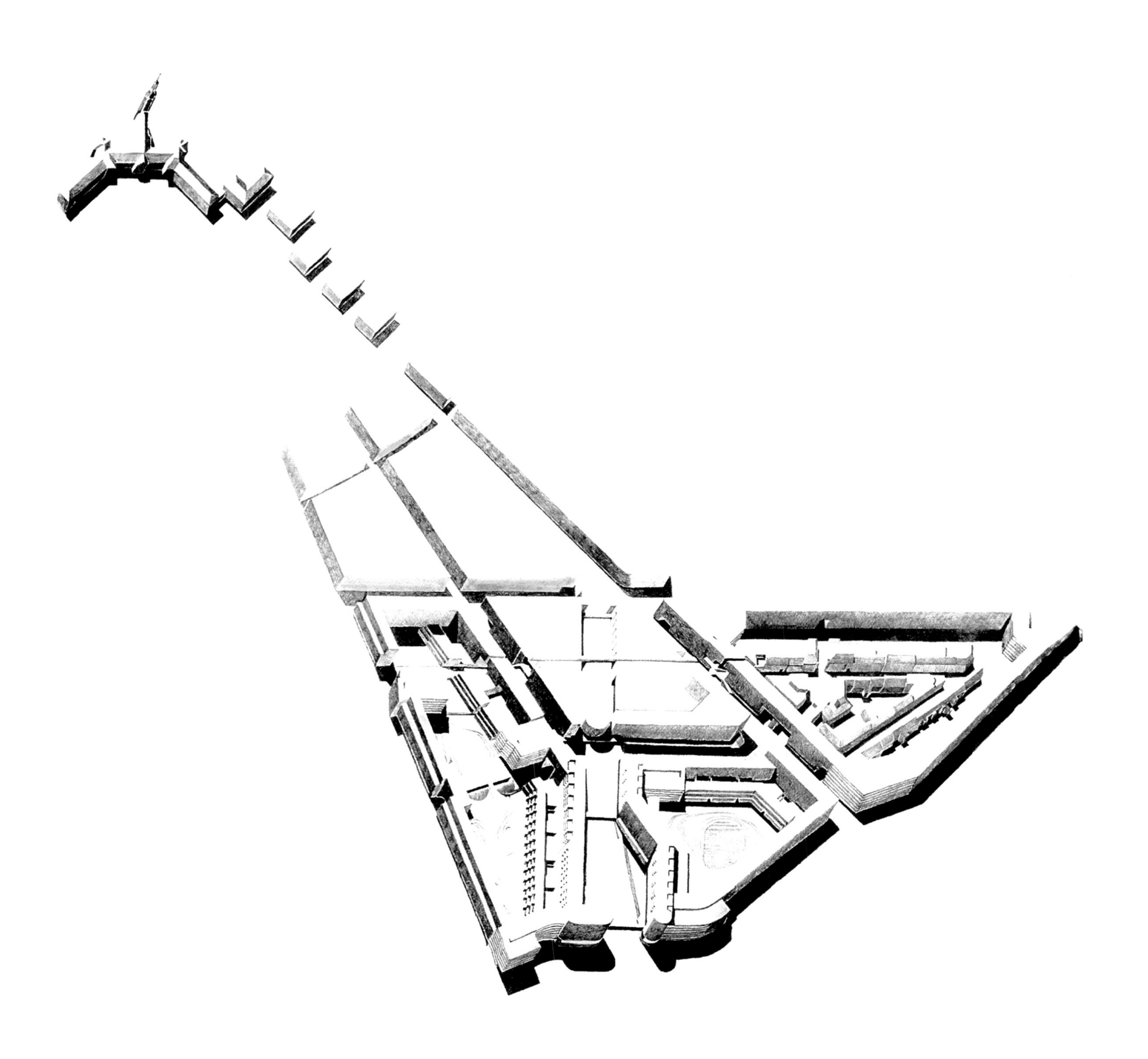

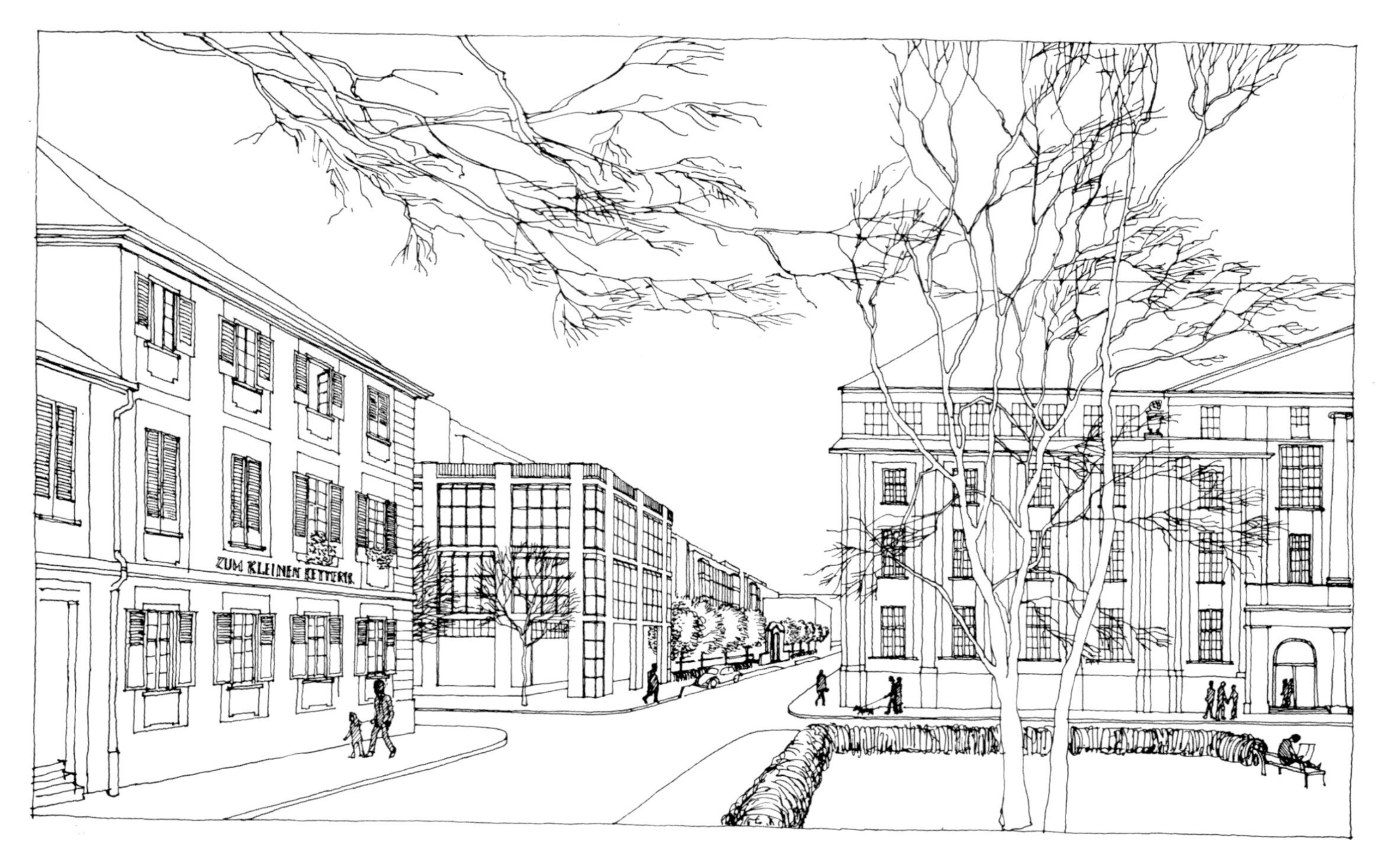

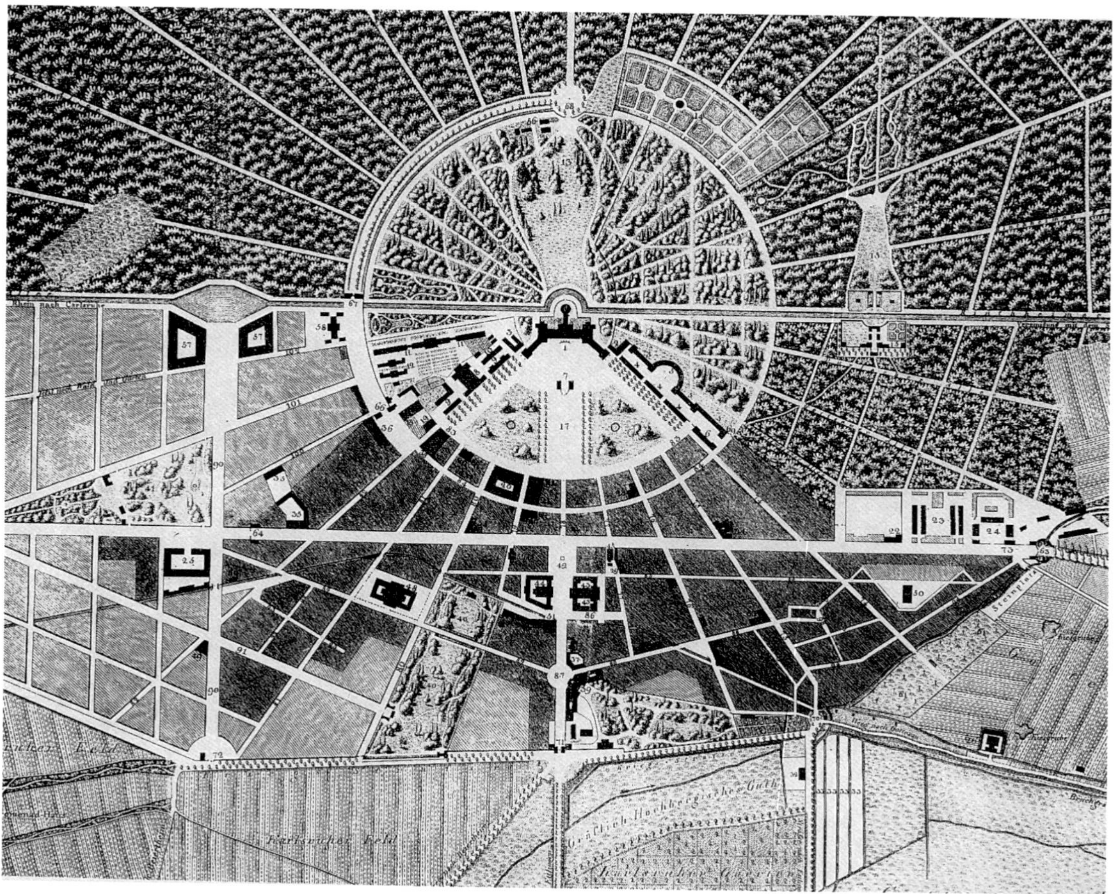

Lidellplatz e Markgrafenstraße.
Il piano radiale di Karlsruhe del 1739.

Lidellplatz and Markgrafenstraße.
The radial plan of Karlsruhe from 1739.

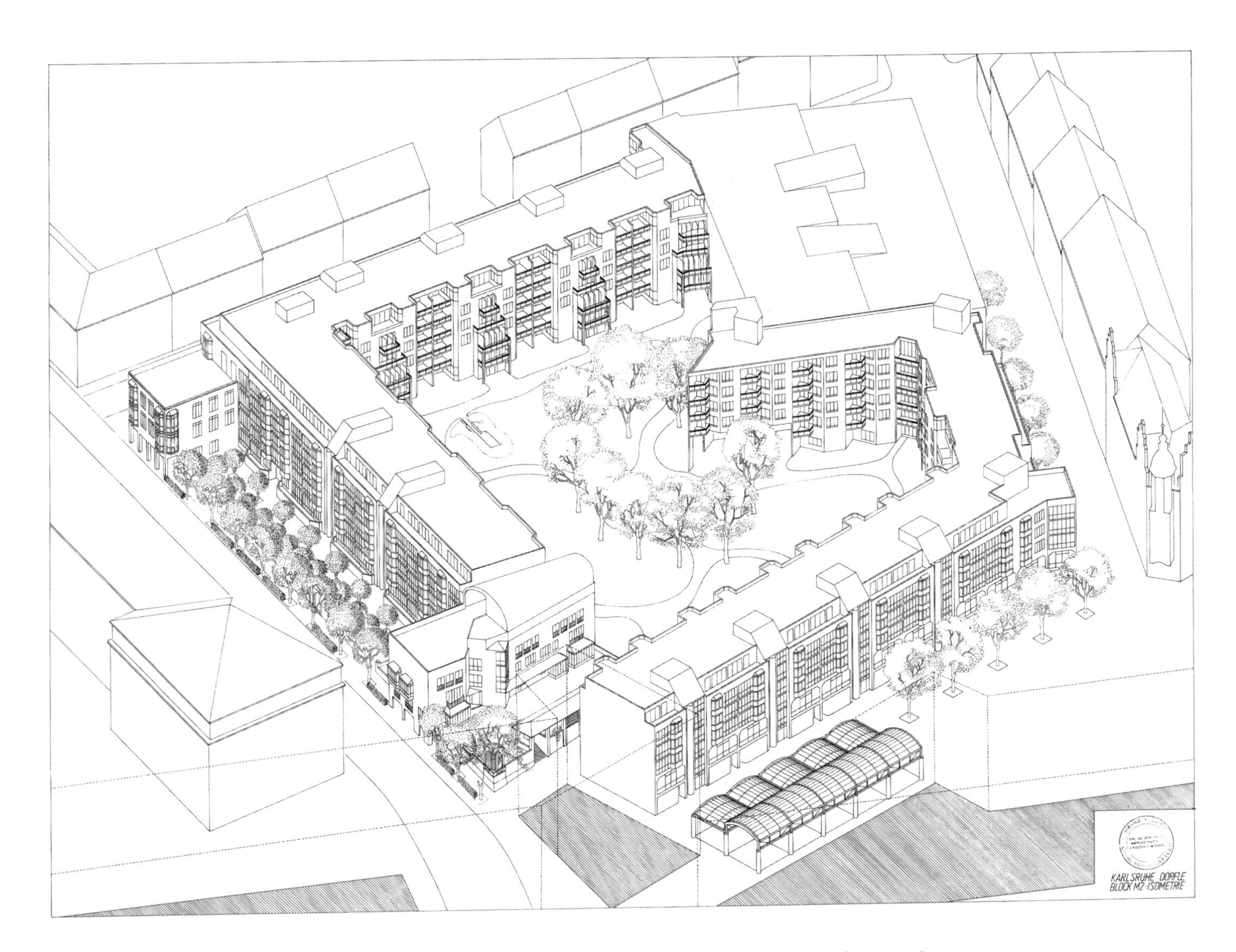

Vista assonometrica del blocco di appartamenti in Markgrafen-straße.
Axonometric view of the apartment block in Markgrafen-straße.

Nel 1970 abbiamo partecipato al concorso internazionale per la riqualificazione del centro storico di Karlsruhe, nella zona conosciuta come il "Dörfle" (piccolo villaggio), attratti dal famoso piano radiale Barocco e dall'architettura di Friedrich Weinbrenner.

Negli anni '60, gli edifici che si trovavano in quest'area della città sono stati in gran parte demoliti e ciò che è rimasto del quartiere è stato diviso in due parti da una strada eccessivamente grande. Il concorso aveva lo scopo di fornire suggerimenti per riorganizzare la zona. Il nostro progetto è stato scelto come base per un piano di sviluppo urbano, in una gara con tre fasi eliminatorie.

Abbiamo visto in Karlsruhe un'opportunità per sviluppare la nostra idea di spazi urbani chiusi e definiti. Considerando i "vincoli" dati da un piano storico della città, avremmo potuto trovare soluzioni che all'epoca non era possibile applicare alle aree di espansione urbana. Abbiamo preso come esempio l'approccio adottato da Friedrich Weinbrenner, che, come un classicista illuminato, a suo tempo rispettò il piano della città barocca fondata cento anni prima e realizzò i suoi edifici in sintonia con quelli che erano già presenti.

Il nostro progetto di gara presenta come principio organizzativo spaziale e funzionale un grande blocco perimetrale a grande scala. Questo permette di mantenere il piano radiale della città barocca e allo stesso tempo di soddisfare le nuove esigenze dovute ai cambiamenti d'uso, secondo un'idea che si è rivelata corretta nei successivi dieci anni del processo di riorganizzazione.

Nonostante le modifiche sostanziali di programma, è stato possibile mantenere questa idea di base, che si è rivelata essere molto flessibile nella pratica, sebbene apparentemente rigida.

Oggi, a trent'anni di distanza, il Dörfle è considerato un quartiere vivo e ben funzionante. Riteniamo che la realizzazione architettonica delle nostre idee di progettazione urbana, adesso che diversi architetti stanno costruendo lì, abbia dato il via ad un processo di crescita organica, come dovrebbe accadere normalmente, e gli ideatori di questo sviluppo urbano lo stanno osservando da lontano, con eccitazione.

Corte interna del blocco residenziale su Kronenstraße.
Markgrafenstraße con la scuola professionale e i nuovi edifici residenziali.

Inner court of the residential block at Kronenstraße.
Markgrafenstraße with trade school and new residential buildings.

Edifici residenziali in Markgrafenstraße.
Residential buildings in Markgrafenstraße.

In 1970 we entered the international competition for redeveloping the old town in Karlsruhe, the area known as the "Dörfle" (little village). We were encouraged to take part in the competition by the famous Baroque radial plan and Friedrich Weinbrenner's architecture.

This buildings in this area of the city had been largely pulled down, and the remaining district split in two by an excessively large road in the 60s. The competition was intended to provide suggestions for reorganizing it. Our design was chosen as the basis for the development plan in a three-stage elimination process.

We saw Karlsruhe as a possible opportunity for developing our idea of closed and defined urban spaces. Given the "constraints" of a historical town plan, we would perhaps be able to realize concepts that could not be applied to new building areas at the time. Our model was the approach taken by Friedrich Weinbrenner, who as an enlightened Classicist respected the Baroque town plan established a hundred years before his time, and arranged his buildings to fit in with the ones that were already there.

Our competition design came up with large-scale block-periphery development as a spatial and functional ordering principle. This makes it possible to retain the Baroque town plan's radial streets and at the same time to meet new requirements created by changes of use. This idea was proved correct in the ten years of the redevelopment process.

Despite fundamental changes of programme, it was possible to retain this basic spatial concept. It turned out to be very flexible in practice – despite its apparent rigidity.

Today, thirty years later, the Dörfle is seen as a living district that functions well. We feel that the architectural implementation of our urban ideas is becoming a process of rampant organic growth now that several different architects are building there. This should be seen as a normal procedure, and the inventors of the urban development figure are observing it from a distance, with excitement.

Un confronto: Potsdamer Platz e Leipziger Platz, Berlino – 1991 e 2003:
planimetria di Potsdamer Platz e Leipziger Platz, 1991, in conformità col progetto di concorso di Hilmer & Sattler und Albrecht (primo premio); planimetria di Potsdamer Platz e Leipziger Platz, 2003.

A comparison: Potsdamer Platz and Leipziger Platz, Berlin – 1991 and 2003:
site plan Potsdamer Platz and Leipziger Platz, 1991, in accordance with competition project of Hilmer & Sattler und Albrecht (1st prize): Site plan Potsdamer Platz and Leipziger Platz, 2003.

Piano di sviluppo per l'area di Potsdamer Platz / Leipziger Platz
Berlin Mitte, 1991–97

Development plan for the Potsdamer Platz / Leipziger Platz area
Berlin Mitte, 1991–97

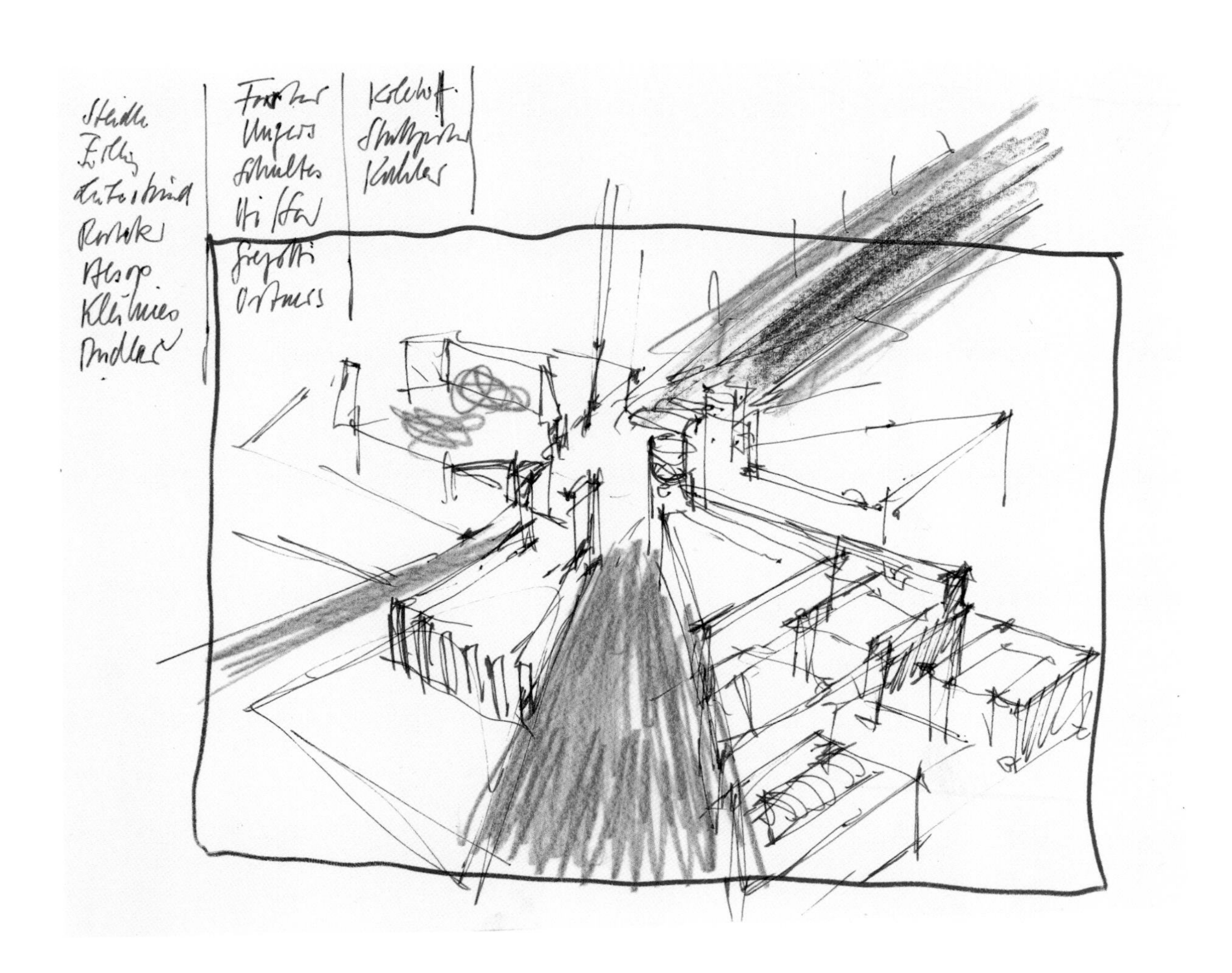

Schizzo concettuale.
Concept sketch.

Sagoma del piano terra del progetto di concorso.
Figure ground plan of the competition project.

Questo progetto non si basa sul modello americano di agglomerato urbano di grattacieli, ormai molto diffuso nel mondo, ma sull'idea di città europea compatta e spazialmente complessa. La vita urbana dovrebbe svolgersi nelle strade e nelle piazze, oppure tra i singoli edifici, non all'interno di edifici complessi, strutturati su larga scala. Berlino è affascinante, perché presenta una condizione di tensione tra una grande apertura e un'intricata chiusura all'interno del suo spazio urbano. Il nostro progetto assume questa tipologia come tema. Gli elementi spaziali a larga scala sono:

– lo spazio aperto caratterizzato dalla presenza di acqua, che si sviluppa da Potsdamer Platz verso Sud,
– la sequenza spaziale di Leipziger Platz, Potsdamer Platz, la Potsdamer Straße che si allarga e il Kulturforum,
– il cuneo di verde, che va da Potsdamer Platz fin dentro il Tiergarten.

Sulla base delle dimensioni concordate dei blocchi, con una superficie di 50 x 50 m, si è sviluppata una coerente rete di strade. Il profilo spaziale di queste strade è in proporzione di 2:1 (35 m di altezza dell'edificio, 17,5 m di larghezza strada). Il rapporto tra il volume degli edifici e il profilo delle strade garantisce il cambiamento delle condizioni di illuminazione in strada e l'illuminazione naturale negli edifici, nonché una buona ventilazione naturale.

La struttura proposta è in un rapporto di tensione con le strutture di grandi dimensioni del Kulturforum e gli elementi spaziali su larga scala del piano sopra descritto. Il nuovo itinerario proposto, che va da nord a sud, non è un'autostrada urbana, ma fornisce l'accesso a livello locale. Di conseguenza, gli incroci sono forniti di semafori.

Una caratteristica peculiare è che la congiunzione delle due strade principali in Potsdamer Platz non rappresenta un elemento rumoroso all'interno del sistema di trasporti, ma un semplice incrocio. Le dimensioni delle aree circondate dal traffico corrispondono all'incirca ai blocchi di Berlino.

Le strade interne sono destinate unicamente a scopi di servizio, e le auto perdono la loro priorità qui.

La struttura urbanistica proposta si basa sul predominio del trasporto pubblico locale. Le persone non vengono trasportate in verticale dalla stazione verso l'interno di complessi edilizi di grandi dimensioni, ma si distribuiscono attraverso piazze e strade in superficie. La densità del numero di persone all'interno dell'edificio si riduce con l'aumentare dell'altezza, mentre migliora la qualità di luce. Le funzioni sono organizzate di conseguenza: spazi commerciali nei piani di base, uffici nelle zone centrali e principalmente abitazioni nei due piani superiori. I frazionamenti degli spazi hanno la funzione di evitare che Potsdamer Platz degeneri in un centro commerciale.

Il piano di sviluppo finale mostra che, dopo tre anni di lotte e conflitti di interessi, il dilagante processo di crescita urbana non ha indebolito l'idea originale.

Le idee di base per la riqualificazione di Potsdamer Platz sono anticipate nel nostro piano di sviluppo urbano per Pforzheim, risalente al 1988.

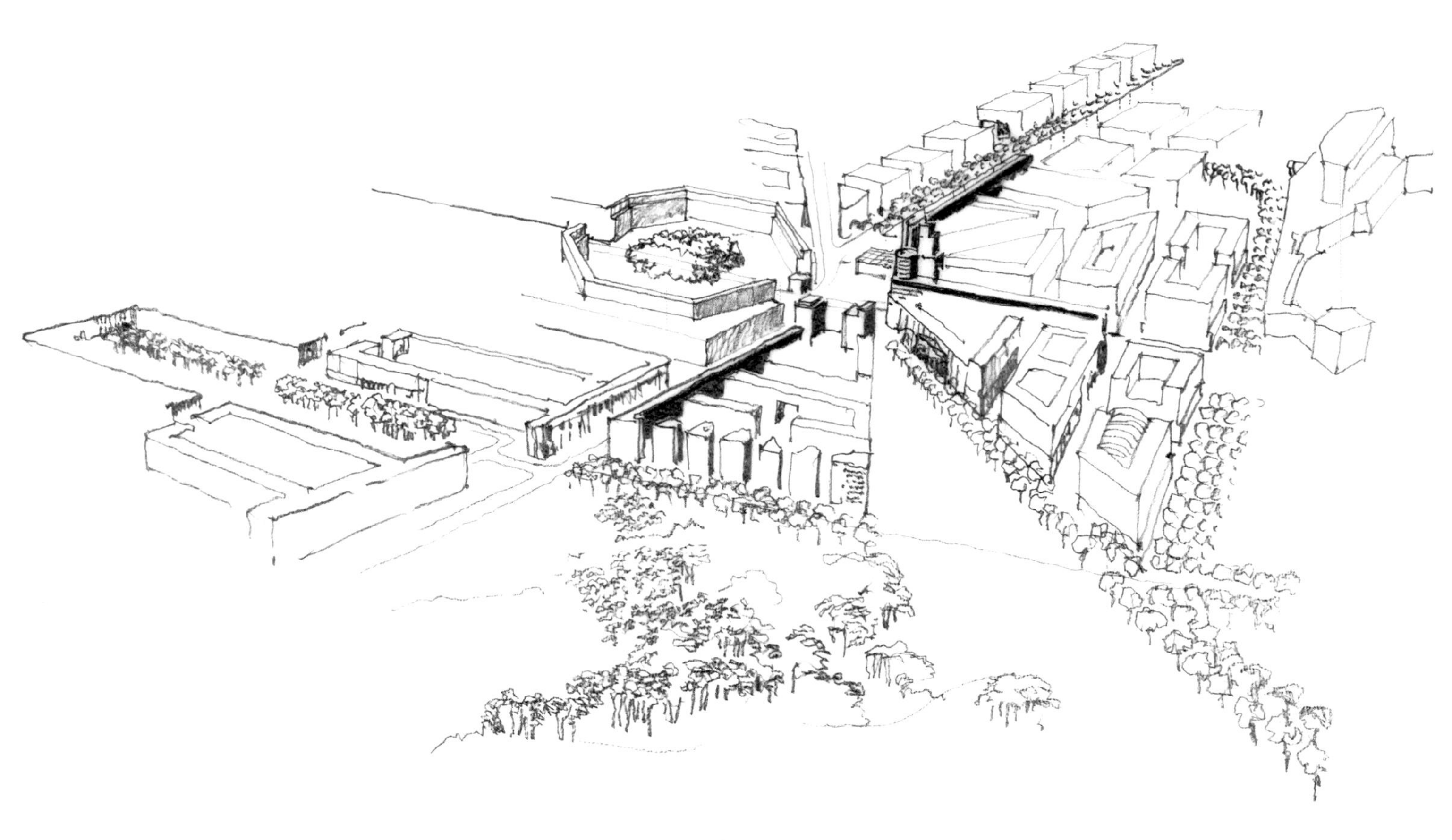

Schizzo di progetto.
Design sketch.

This design is not based on the American model of an accumulation of highrise buildings, which has now gained world-wide acceptance, but on the idea of the compact, spatially complex European city. Urban life should unfold in streets and squares, i. e. between the individual buildings, not inside building complexes that are structured on a large scale. Berlin is fascinating because there is a state of tension between large-scale openness and an intricate closed quality within its urban space. Our design takes this typology as its theme. The largescale spatial elements are:

– the open space featuring water, developing from Potsdamer Platz towards the south,
– the spatial sequence of Leipziger Platz, Potsdamer Platz, the widened Potsdamer Straße and the Kulturforum,
– the wedge of green, running from Potsdamer Platz into the Tiergarten.

A coherent network of streets is developed on the basis of agreed block dimensions, with an area of 50 x 50 m. The spatial profile of these streets is in the proportion 2:1 (35 m building height, 17.5 m street width). The relation between the volume of the buildings and the street profile guarantees changing lighting conditions in the streets and natural lighting for the buildings, and also good, natural ventilation.

The proposed parcel structure is in a relationship of tension with the large structures in the Kulturforum and the large-scale spatial elements of the plan described above. The newly proposed north–south route is not an urban motorway, but provides local access. Urban junctions with traffic lights are appropriate to this.

A particular feature is that the junction of the two main routes in Potsdamer Platz is not a roaring feature within a transport system but a simple street junction. The dimensions of the areas with traffic driving around them correspond approximately to Berlin blocks.

The internal roads are intended purely for service purposes, and cars lose their priority here.

The proposed urban structure is based on the dominance of local public transport. People are not transported vertically from the station into the interior of large building complexes, but distribute themselves through squares and streets on the surface. Density is reduced with increasing height within the volume of the buildings, but the quality of daylight increases. Functions are arranged correspondingly: commercial areas in the base floors, offices in the middle zones and mainly housing in the two uppermost floors. The parcelling is intended to prevent Potsdamer Platz from degenerating into a shopping mall.

The final development plan shows that after three years of struggles and conflicting interests, the process of rampant growth has not weakened the original concept.

The basic ideas for redeveloping Potsdamer Platz are anticipated in our urban-development plan for Pforzheim, dating from 1988.

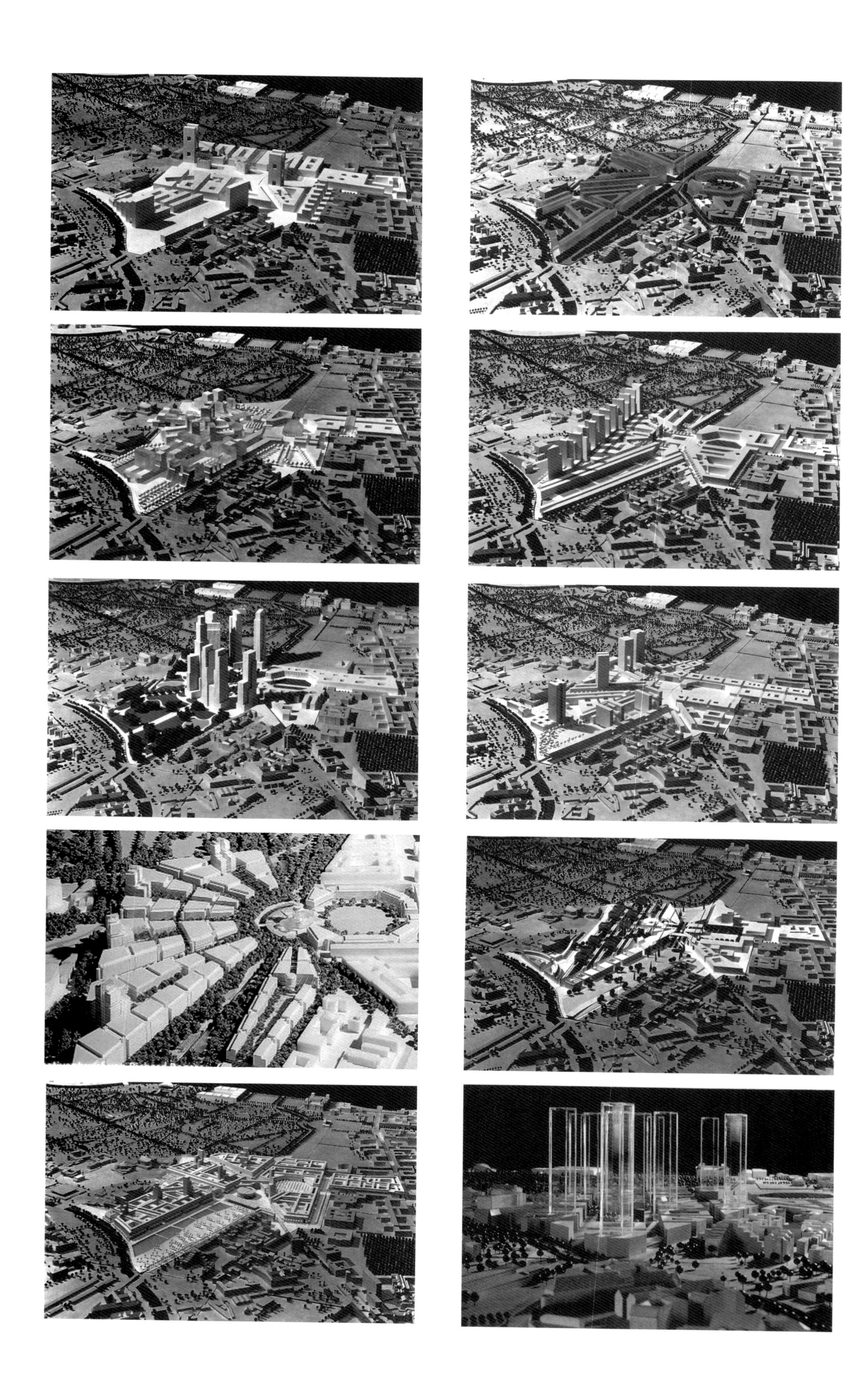

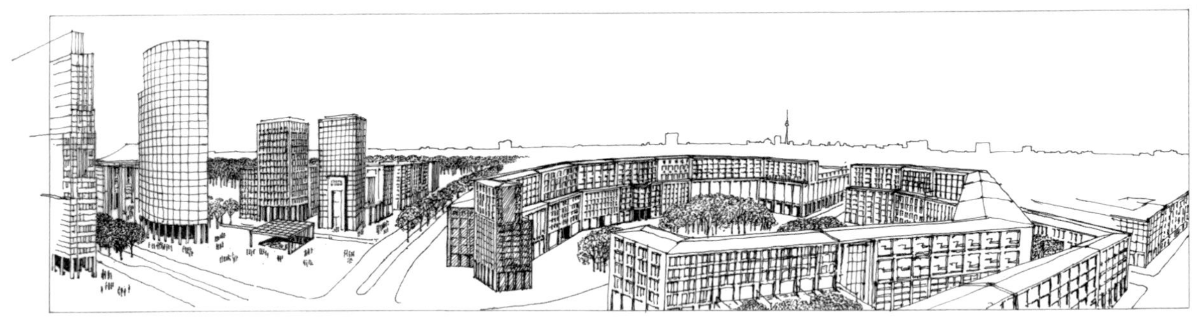

Dall'alto: Libeskind (sinistra); vista aerea del 1960 circa (destra); sotto: Hilmer & Sattler und Albrecht, modello di concorso, 1991; Veduta a volo d'uccello. Nella pagina a fianco, da sinistra, in alto, a destra, in basso: soluzioni degli altri architetti: Dudler, Foster, Gregotti, Kleihues, Kollhoff, Ortner & Ortner, Rogers, Schultes, Steidle, Ungers.

From top: Libeskind (left); aerial view from c. 1960 (right); below: Hilmer & Sattler und Albrecht, competition model, 1991; Bird's-eye view. Opposite page, from left on top to right on bottom: solutions of other architects: Dudler, Foster, Gregotti, Kleihues, Kollhoff, Ortner & Ortner, Rogers, Schultes, Steidle, Ungers.

Schizzi di concetto e di progetto per Potsdamer Platz.
Nella pagina a fianco: i cinque grattacieli di Potsdamer Platz.
Design sketch and concept sketch for the Potsdamer Platz project.
Opposite page: all the five skyscrapers at Potsdamer Platz.

AHNHOF
LATZ

POTSDAMER PLATZ
DB

Stazione di Potsdamer Platz
Berlin-Tiergarten, 1995–2006

Potsdamer Platz station
Berlin-Tiergarten, 1995–2006

In alto: vista prospettica di un padiglione d'ingresso. In basso: planimetria.
Nella pagina a fianco: vista del padiglione meridionale da Potsdamer Platz.

Top: perspective view of an entrance pavilion. Bottom: site plan.
Opposite page: view of the southern pavilion from Potsdamer Platz.

Vista dal padiglione meridionale verso il Beisheim-Center.
View from the southern pavilion towards the Beisheim-Center.

Già nel 1838 Potsdamer Platz era il punto di partenza della rete ferroviaria di Berlino. Dopo il 1989, quando la rete è stata ricostruita e ampliata, anche questo tratto di ferrovia è stato notevolmente espanso: venendo dal Tiergarten un tunnel a quattro binari attraversa Potsdamer Platz da nord a sud, corre sotto le torri del Beisheim-Center e la Casa Delbrück e infine si allarga per diventare una stazione ferroviaria sotterranea di 50 m di larghezza, 250 m di lunghezza e 18 m di profondità.

Entrambi gli edifici d'ingresso su Potsdamer Platz sono padiglioni in acciaio e vetro, semi-aperti, che richiamano in diversi aspetti la Neue Nationalgalerie di Mies van der Rohes, distante dalla piazza solo poche centinaia di metri a Ovest. Christoph Sattler ha lavorato su questi edifici come avrebbe fatto un giovane architetto dell'ufficio di Mies a Chicago negli anni sessanta.

Ognuna delle minimaliste e sofisticate strutture in acciaio consiste in un'intelaiatura di elementi ortogonali che poggiano su quattro supporti. Le costruzioni sono state fabbricate con dei profilati di acciaio di sezione spessa, saldati fra loro e verniciati in nero. Il volume è stato ridotto alla cubatura minima necessaria, con una base di 26 m per 26 m e un'altezza di 10 m.

Nonostante il piccolo volume, i due corpi cubici hanno, grazie alla dualità e alla rigida corrispondenza assiale, una presenza chiara su Potsdamer Platz, in uno spazio urbano definito dai grattacieli circostanti.

Il segnale «Bahnhof Potsdamer Platz» (stazione ferroviaria di Potsdamer Platz) è stato progettato come parte integrante della facciata. Le lettere, costituite da luci al neon, sono appese ad una trave d'acciaio.

Le coperture e le pareti dei padiglioni sono completamente vetrati, al fine di portare abbondante luce durante il giorno anche ai livelli più bassi. Sulle pareti sono state collocate singole lastre di vetro senza telaio, disposte a mo' di embrici, in modo da fornire la corretta circolazione di aria con mezzi semplici.

In collaborazione con Modersohn & Freiesleben e Hermann + Öttl

Vista di un padiglione d'ingresso.
View of an entrance pavilion.

In 1838 Potsdamer Platz was already the starting point for Berlin's railway network. During the reconstruction and enlargement of this network after 1989 this point was considerably expanded.

Coming from the Tiergarten a fourtrack tunnel crosses Potsdamer Platz in a north-south direction, runs under the towers of the Beisheim-Center and the Delbrück House and then broadens to become an underground train station construction 50 m in width, 250 m in length and 18 m in depth.

Both of the entrance buildings on Potsdamer Platz are semi-open, steel and glass pavilions. In a number of ways, they are a reminder of Ludwig Mies van der Rohes National Gallery, which is only a few hundred meters away: Christoph Sattler worked on it as a young architect in Mies's office in Chicago in the 1960ies!

The steel buildings, refined along minimalist lines, each consist of an orthogonal beam grid that rests on four supports. The construction, painted black, has been fabricated out of welded thick-section steel profiles. The volume has been reduced to the mandatory minimum of 26 m by 26 m for the base and 10 m for the height.

Despite this small mass, their duality and exact axial placement means that the two stationary cubic bodies have a clear presence on Potsdamer Platz, an urban space defined by the surrounding towers.

The sign «Bahnhof Potsdamer Platz» (Potsdamer Platz train station) has been designed as an integrated part of the facade. The neon letters have been put on a steel beam.

In order to provide the lower levels with generous portions of daylight, the roof and the walls of the pavilions have been completely glazed. Single, unframed glass plates have been placed scale-like on the walls, thereby providing for the necessary circulation of air through these openings through simple means.

In cooperation with Modersohn & Freiesleben and Hermann + Öttl.

BAHNHOF POTSDAMER PLATZ
BAHNHOF POTSDAMER PLATZ
DB DB

Ritz Carlton e la torre di appartamenti
Berlin-Tiergarten, 2000–03

Ritz Carlton and apartment tower
Berlin-Tiergarten, 2000–03

Veduta prospettica dell'edificio da Potsdamer Platz.
Nella pagina a fianco: vista dell'edificio da Potsdamer Platz.

Perspective view of the building from Potsdamer Platz.
Opposite page: view of the building from Potsdamer Platz.

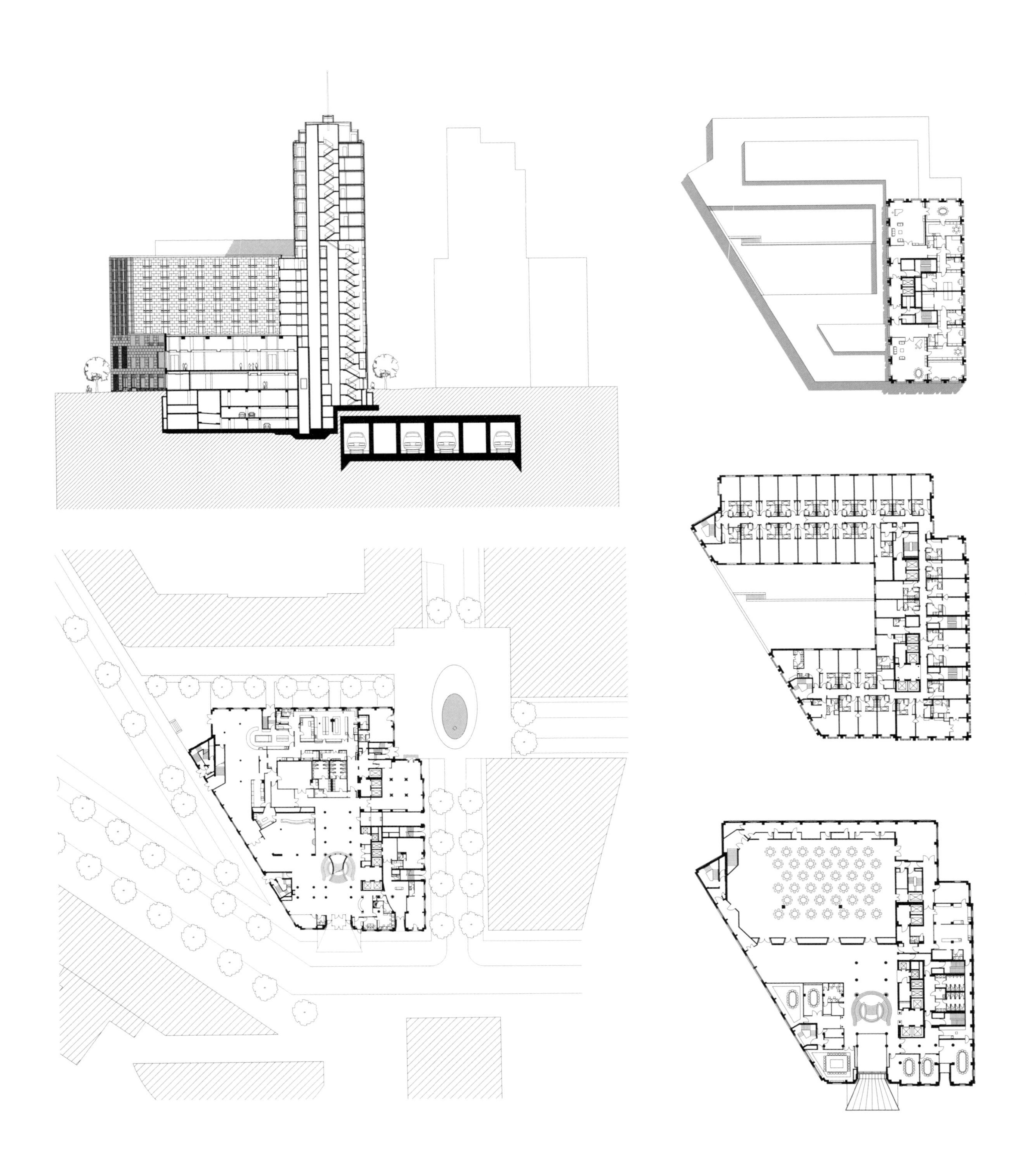

A sinistra: sezione e pianta (piano terra).
A destra: piante (primo piano, piano tipo dell'hotel, piano tipo degli appartamenti).
Left: Section and floor plan (ground floor).
Right: floor plans (1st floor, typical floor of the hotel, typical floor of the apartments).

In alto: prospetti parziali.
In basso: viste di dettaglio della facciata.

Top: part elevations.
Bottom: detail views of the facade.

Ingresso dell'Hotel.
Hotel entrance.

L'ultimo dei cinque grattacieli che distinguono Potsdamer Platz si rifà formalmente alla grande epoca dei grattacieli Art Deco di New York e Chicago. Sebbene questi edifici rappresentino la nascita dell'età moderna, hanno anche un debito nei confronti dell'architettura classica europea. Il principale materiale da costruzione che si può notare è una pietra beige, luminosa, proveniente dal Portogallo, che ci ha ispirato per la sua leggerezza ottimale.

L'edificio è suddiviso, in maniera classica, in tre zone. Sulla cima, un'asta si erge sopra un caratteristico zoccolo alto due piani, ricco di ornamenti in pietra e finestre di bronzo, per concludere l'edificio in un modo espressivo e ben visibile da lontano. Questa forte azione di slancio è arginata dalle incavature verticali che suddividono la facciata in paraste e finestre a bovindo. Il particolare dominante della parte superiore è la punta in metallo scintillante che mantiene in equilibrio una sfera all'altezza di 82 m. C'è anche una differenza tra l'ornamento della torre e quello del blocco nella parte dello zoccolo: mentre i segmenti cilindrici, che ricordano le scanalature, nel blocco hanno un andamento orizzontale, nella torre salgono verso l'alto. L'ingresso all'hotel nel blocco con un'enorme tettoia sporgente, è quasi sovradimensionato su due piani, mentre l'accesso ai lussuosi appartamenti avviene dalla torre. Mediante queste due diverse entrate, la facciata indica due differenti usi. Sulla sommità lapidea della torre, le iniziali del proprietario dell'edificio sono state cesellate in lettere alte 2 metri, in modo da diventare una componente permanente dell'architettura. La pianta del piano terra prevede che la torre fuoriesca di 50 cm sui fronti est e sud del blocco, in modo da avere una maggiore indipendenza. Il blocco contiene un albergo a cinque stelle con 300 camere, quattro ristoranti, sale conferenze e una sala da ballo di 900 mq. Nella torre, al di sopra dell'hotel si trovano sette piani residenziali.

Direzione del progetto: Herman Duquesnoy, in gruppo con Frauke Blasy, Till Roggel, Sigurd Hauer, Peter Solhdju, Frigga Uhlisch.

Ingresso agli appartamenti.
Entrance to the apartments.

In formal terms the last of the five prominent skyscrapers on Potsdamer Platz is oriented to the great age of the Art Deco skyscrapers in New York and Chicago. While these buildings represent the emergence of the modern age, they are also indebted to classic European architecture.

The building's main visible building material is a light, beige limestone from Portugal, that appealed to us because of its optimistic facility. The building has a classic division of three zones. A shaft rises above a distinctive two-storey base zone with profuse stone ornamentation and bronze windows to come finally to an expressive end at the top. This powerful soaring action is banked by the vertical depressions that divide the facade into piers and bow-like windows. The motif of the upper zone is expressed in its glistening metal point that balances a sphere at a height of 82 m. There is also a difference made in the ornamentation on the tower and the block in the base area. While the cylindrical segments reminiscent of fluting follow a horizontal direction on the block, on the tower they aspire upwards. The entrance to the hotel in the block has a huge canopy and at two storeys is almost oversized while the access to the luxury apartments is in the tower. Through these two different entrances, the facade indicates the two different uses. At the stone top of the tower, the initials of the building's owner have been chiselled in 2 m high letters. These initials have thereby become a permanent and unchangeable component. The ground plan foresees the tower jutting out around 50 cm in front of the block boundary on the south and eastern sides. The tower thereby attains more independence. The block contains a five-star hotel with 300 rooms, four restaurants, conference rooms and a ballroom measuring 900 m^2. In the tower seven residential storeys lie above the hotel.

Project direction: Herman Duquesnoy, in team with Frauke Blasy, Till Roggel, Sigurd Hauer, Peter Solhdju, Frigga Uhlisch.

coffee
JANA
CATERING

Edificio per uffici, Beisheim-Center
Berlin-Tiergarten 2000-03

Office Building, Beisheim-Center
Berlin-Tiergarten 2000-03

Sopra: dettaglio del cornicione.
Nella pagina a fianco: vista dell'edificio da Inge-Beisheim-Platz.

Top: detail of the cornice.
Opposite page: view of the building from Inge-Beisheim-Platz.

Vista di dettaglio della facciata.
Detail view of the facade.

Situato sull'angolo a nord-ovest della piccola piazza, dietro l'hotel, l'edificio per uffici di dieci piani ha un forte debito formale con i primi grattacieli di William Le Baron Jenney, specialmente col First Leiter Building di Chicago, del 1879. Le Baron Jenney concepì questo tipo di edificio in diretta continuazione con il classicismo, con pilastri a vista sulla parete, capitelli e davanzali sagomati.

La nostra ambizione era di ottenere la vivacità di queste facciate precedenti senza identificare direttamente ogni elemento con la sua decorazione. Eravamo molto più interessati ad ottenere un effetto simile utilizzando i mezzi offerti dalla tecnologia edilizia contemporanea.

In accordo con le leggi della tettonica, i pilastri si assottigliano verso l'alto e più alti diventano, più retrocedono sfalsandosi rispetto alla linea di costruzione. I due piani di base, i sei centrali e i due terminali rendono evidente la tripartizione. L'edificio è rifinito nella parte superiore con un cornicione prefabbricato in cemento che sporge di 1 m ed è fortemente sagomato sul lato inferiore. Una griglia particolarmente ampia di 1,5 m ed una zona di ingresso alta due piani consentono una strutturazione esuberante della facciata.

Un motivo decorativo importante è la differenza di colore tra l'arenaria gialla dei pilastri e dei pannelli sotto-finestra e il grigio dei capitelli prefabbricati in calcestruzzo. Dal momento che l'ubicazione del palazzo in una via stretta comporta che la facciata può essere vista soltanto da una prospettiva estremamente distorta, anche i suoi elementi plastici dovevano essere conformati tenendo a mente questo particolare effetto: la curvatura del capitello,

William Le Baron Jenney, First Leiter Building, Chicago, 1879.
William Le Baron Jenney, First Leiter Building, Chicago, 1879.

The ten-storey office building located behind the hotel on the north-western corner of the small square is indebted to the early skyscrapers of William Le Baron Jenney, especially to the First Leiter Building from the year 1879. Le Baron Jenney saw this type of building as a direct continuation of classicism with visible pilasters, capitals and moulded spandrel panels.

We hoped to achieve the vividness of these earlier facades but did not want to make direct copies of the individual elements with their ornamentation. We were far more interested in obtaining a similar effect using the means offered by contemporary building technology.

In accordance with the laws of tectonics, the pillars become narrower towards the top and the higher they become the more they recede in staggered formation behind the building line. The two-storied base, six normal storeys and two lantern storeys make the tripartite division clearly evident. The building is finished off at the top with a pre-fabricated concrete cornice projecting 1 m and strongly profiled on the underside. An unusually broad grid of 1.5 m and a two-storey entrance area allow for an exuberant structuring of the facade.

An important motif is the difference in colour between the pillars and spandrel panels of yellow sandstone and the grey capitals out of pre-fabricated concrete parts. Since the location of the building in the narrow street means that the facade can only be viewed from an extremely distorted perspective, its plastic elements also had to be formed with this special effect in mind. The curvature in the capital, measuring merely a few millimetres, can only

L'atrio.
The lobby.

misurando soltanto pochi millimetri, può essere vista solamente dopo un esame molto attento e anche a seguito di questo, più è piatto l'angolo di vista, meglio può essere notata.

Gli elementi della balaustra, fortemente scolpiti, conducono un dialogo vivace con i serramenti sagomati in metallo. Nei due piani inferiori questi profilati sono in bronzo, in tutti gli altri piani sono in alluminio verniciato di grigio.

La grande area di ingresso è alta due piani, quasi 7 m, con un balcone interno a livello del primo piano. Gli ascensori, incorniciati da portali rivestiti di pietra naturale, si trovano di fronte alle porte di ingresso in modo da poter essere visti sin dalla strada. Molti altri colori sono stati utilizzati qui, come integrazione ai due colori esterni. I tre diversi tipi di rivestimento in marmo della parete, che si alternano verticalmente in bianco, rosso e verde, creano un'atmosfera vivace. Come elemento conclusivo, i muri hanno una luminosa cornice in gesso color ocra. Tutti gli elementi metallici in questa sala sono in bronzo, compresa la sinuosa balaustra sul balcone, che si può vedere anche dall'esterno. L'idea per questa composizione della parete è stata direttamente ripresa dalla moschea Medrese a Il Cairo, del 1386. I tre piani di parcheggio comune per il Beisheim-Center sono nell'ala nord. Ciò comporta che se, per esempio, per preparare la sala per una conferenza stampa il giorno dopo alle 8:00 del mattino, deve essere smantellata la sala da ballo molto tempo dopo la mezzanotte, i camion che trasportano gli elementi decorativi useranno il punto più lontano del Center, evitando in questo modo di disturbare gli ospiti dell'hotel.

Progettisti: Ursula Gonsior, Till Roggel.

Collaboratori: Frauke Blasy, Henrik Eichler, Jens Förster, Thomas Katzke, Mehra Mehrdadi, Sven Meller, Peter O'Callaghan.

L'atrio.
The lobby.

be observed after closer inspection and even then, the flatter the angle of vision, the better it can be seen.

The strongly profiled panel elements carry on a lively dialogue with the moulded metal window profiles. In the two lower storeys these profiles are in bronze, in all other storeys they are coated in grey aluminium.

The large entrance area is two storeys high – almost 7 m – with an internal balcony at the level of the first floor. The elevators, with their framed with natural-stone portals, lie across from the entrance doors in such a way that they are visible from as far away as the street. As a supplement to the two colours of the exterior many colours are used here. The three different types of marble wall cladding, vertically structured, in white, red and green create a cheerful atmosphere. As a conclusion the walls above have a bright ochre plaster finish. All of the metal elements in this room are in bronze, including the meandering balustrade on the access balcony, as is the case on the facade outside. The stimulus for this wall composition was directly prompted by the Medrese-mosque in Cairo from the year 1386. The three-storey, shared car park for the Beisheim-Center is in the north wing. This means that if, for example the stage in the ballroom of the Ritz Carlton Hotel is being dismantled long after midnight, to prepare the room for a press-conference the next day at 8:00 A.M., the trucks transporting the decorative furnishings use the Center's most remote point and thereby avoid disturbing the hotel's guests.

Project architect: Ursula Gonsior, Till Roggel.

Architectural team: Frauke Blasy, Henrik Eichler, Jens Förster, Thomas Katzke, Mehra Mehrdadi, Sven Meller, Peter O'Callaghan.

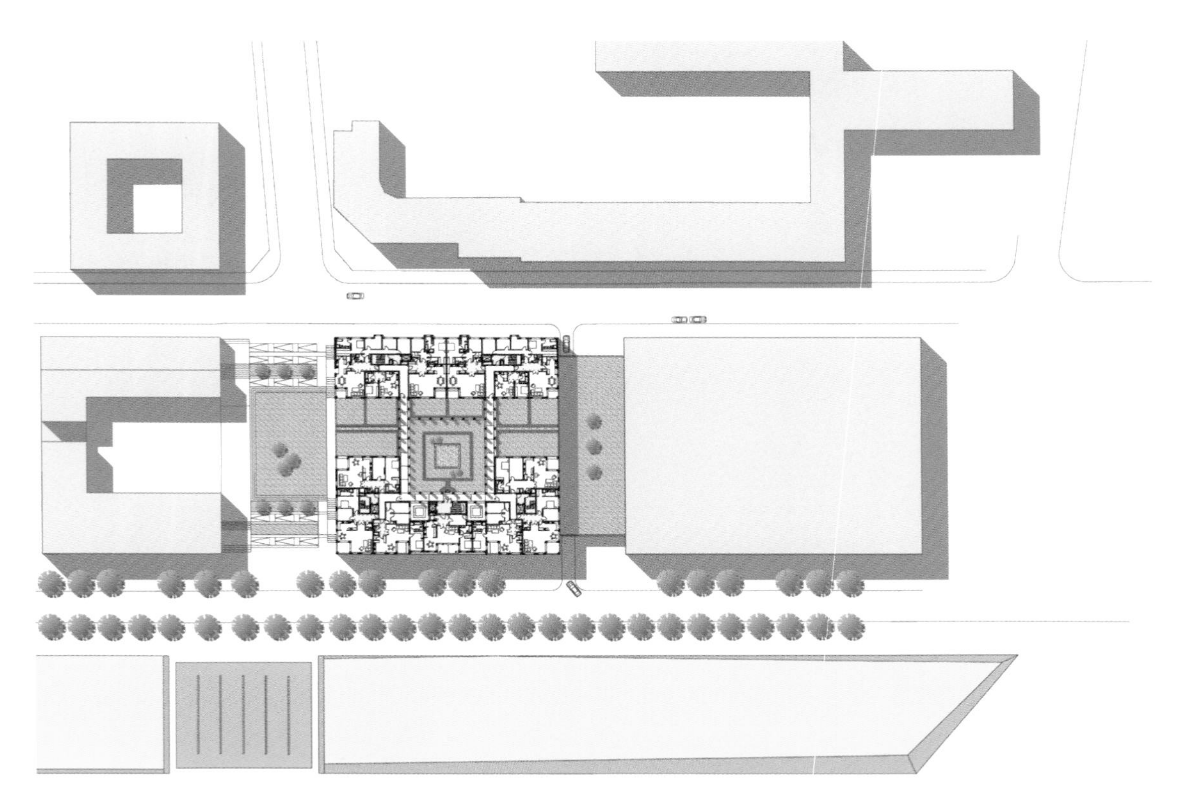

In alto: vista aerea dell'isolato tra Köthener Strasse e Gabriele-Tergit-Promenade durante la costruzione.
In basso: situazione urbana con l'inserimento della pianta di un piano.

Top: aerial view of the block between Köthener Strasse and Gabriele-Tergit-Promenade during construction.
Bottom: urban situation including floorplan.

Sviluppo urbano di Mendelssohn-Bartholdy-Park
Berlino, 1992-2005

Mendelssohn-Bartholdy-Park Urban Development
Berlin, 1992–2005

Il tratto di circa 600 m di lunghezza, proprio accanto al grande spazio libero nell'area sud di Potsdamer Platz, era stato concepito nel nostro masterplan del 1991 come una serie uniforme di blocchi di 35 m di altezza, interrotti solo da una chiesa. Il successivo concorso più dettagliato è stato vinto nel 1993 da Giorgio Grassi, che ha alleggerito i volumi, ha ridotto l'altezza degli edifici a 28 m, e ha suggerito di enfatizzare Potsdamer Platz portando lì l'altezza a 42 m.

Da sotto l'isolato tra la Gabriele-Tergit-Promenade e la Köthener Strasse, la linea metropolitana U 2 – il tratto originale della ferrovia sopraelevata di Berlino, costruita tra il 1896 e il 1898 da Werner von Siemens – si sviluppa da nord a sud, prima di attraversare un ponte sul canale Landwehr. Abbiamo realizzato la stazione Mendelssohn-Bartholdy-Park della metropolitana fuori terra in questo punto nel 1998. Il percorso indicato per la metropolitana fuori terra è stato mantenuto chiaramente parallelo al tratto della metropolitana interrata, per la futura costruzione.

Le crescenti linee ferroviarie e la stazione della metropolitana interrata a sud del raccordo, che sarà costruita in gran parte, complicano comprensibilmente la realizzazione dell'intero complesso. Tra il 1992 e il 2009 – per un totale di più di 17 anni – abbiamo lavorato ai piani di sviluppo per questo sito con diversi investitori: le idee sono variate via via da una scuola, a alberghi, a edifici residenziali, a complessi di uffici. I blocchi a nord sono stati completati con rigida uniformità nel 1998; soltanto nel 2007 abbiamo completato il progetto per la residenza Mendelssohn-Bartholdy-Park 3 (MBP 3), seguito da quelli combinati per l'hotel e per il progetto residenziale MBP 1 nel 2010.

The approximately 600 m long stretch right beside the large free space in the south of Potsdamer Platz was conceived in our 1991 master plan as a uniform series of 35 m high blocks, interrupted only by a church. The following more detailed competition was won in 1993 by Giorgio Grassi, who loosened the figures, reduced the height of the buildings to 28 m, and suggested a 42 m high accentuation at Potsdamer Platz.

Out from under the block between Gabriele-Tergit-Promenade and Köthener Strasse, the underground line U 2 – the original stretch of Berlin's elevated railway, constructed 1896–98 by Werner von Siemens – rises north-south, before crossing a bridge over the Landwehr Canal. We realised the aboveground Mendelssohn-Bartholdy-Park U-Bahn station at this location in 1998. A designated S-Bahn route has been kept clear parallel to the U-Bahn for future construction.

The rising train lines and the U-Bahn station in the south of the stretch, which will be largely built over, understandably complicate the realisation of the entire complex. Between 1992 and 2009 – altogether more than 17 years – we worked on the development plans for this site with different investors: ideas varied between a school, hotels, apartment buildings and office complexes. The northern blocks were completed in rigid uniformity in 1998; only in 2007 did we finalise designs for the Mendelssohn-Bartholdy-Park 3 (MBP 3) residence, followed by those for the combined hotel and residential project MBP 1 in 2010.

Edificio residenziale The Charleston
Mendelssohn-Bartoldy-Park 3, Berlino, 2006–10

The Charleston Residential Building
Mendelssohn-Bartoldy-Park 3, Berlin, 2006–10

Struttura a terrazze, vista da Köthener Strasse con la Scala Bernburger sulla destra.
Nella pagina a fianco: vista del portico e ingresso da Tilla-Durieux-Park.
Terraced structure, view from Köthener Strasse with Bernburger Steps on the right.
Opposite page: view of the arcade and entrance from Tilla-Durieux-Park.

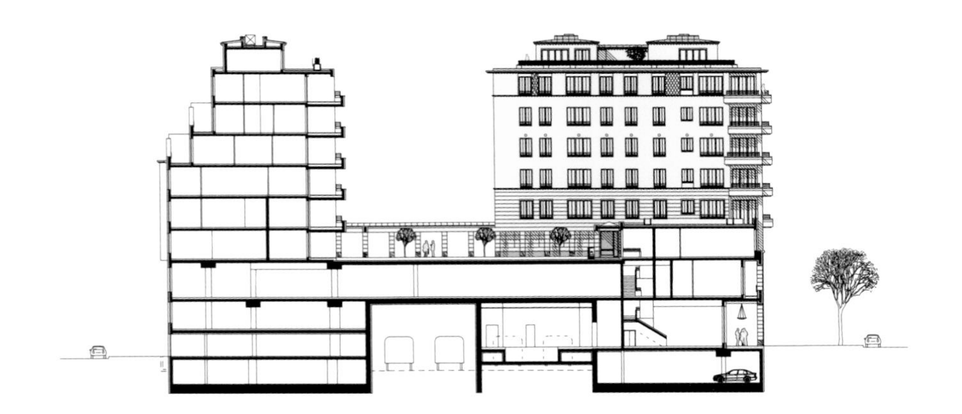

Sopra: prospettiva di progetto, vista da Köthener Strasse con la Scala Bernburger.
Sotto: sezione trasversale e vista della Ca' Brutta di Giovanni Muzio del 1922.

Top: draft perspective, view from Köthener Strasse with the Bernburger Steps.
Bottom: cross section and Ca' Brutta by Giovanni Muzio from 1922.

Facciata su Köthener Strasse.
Façade Köthener Strasse.

Una grande casa in un parco ad occidente, i suoi elementi luminosi e positivi che rendono la sua presenza chiaramente visibile nella città – questa idea è stata l'impostazione e l'obiettivo. Il blocco di 60 per 60 m si sviluppa su una grande area, a cavallo tra le crescenti linee della metropolitana fuori terra e un porticato con negozi e ristoranti lungo il Tilla-Durieux-Park. Al primo piano, una palestra si sviluppa su 3000 metri quadrati. Sopra di essa, gli appartamenti sono organizzati attorno ad un giardino pensile.

A nord di questi blocchi, una passerella pedonale larga 35 m conduce oltre le linee che emergono dalla metropolitana fuori terra; come un prolungamento della settecentesca Bernburger Strasse che conduce ad est, è stata chiamata Scala Bernburger. Di fronte all'edificio a ovest, un largo marciapiede alberato e il portico in pietra naturale forniscono un invito a fare una passeggiata metropolitana lungo di essi.

La facciata a nord su Köthener Strasse arretra di due metri ai piani sesto e settimo e dei montanti punteggiano le terrazze, risultando così una situazione architettonica di tocco italiano. Questa grande facciata, con i suoi vari elementi bugnati e rilievi in gesso, fa riferimento alla cosiddetta "Ca' Brutta", costruita nel 1922 a Milano. Come suggerisce il nome, il grande palazzo urbano residenziale di Giovanni Muzio non fu accolto molto bene quando fu costruito. Muzio apparteneva al movimento del Novecento milanese, che univa gli elementi dell'architettura classica ai principi del moderno. Questa scelta è un richiamo all'italiano Giorgio Grassi che ha plasmato l'atmosfera di questa parte di Potsdamer Platz con la sua realizzazione del nostro piano.

Gli appartamenti sono accessibili dalla parte centrale del portico. Sopra l'ingresso, il nome del palazzo "The Charleston" non appare in luci al neon, ma inciso a grandi lettere "incorruttibili". La hall, rivestita con legni pregiati e decorata con profili in gesso incassati a gradoni, dà l'impressione di essere l'ingresso di un albergo piuttosto che quello di un condominio. Qui, un portiere riceve i visitatori. Grandi fotografie di Potsdamer Platz nel corso dei ruggenti anni Venti ricordano la turbolenta storia di questo quartiere.

Scale e ascensori conducono al cortile interno di accesso agli appartamenti, situato al di sopra della metropolitana, al secondo piano. Qui i residenti e i visitatori trovano un ambiente completamente diverso da quello della trafficata strada sottostante: un tranquillo giardino con siepi, piccoli alberi e erba, che incanta per la sua bellezza. Un portico che gira su tre lati e una piccola fontana ricordano, anche acusticamente, il tema del chiostro.

Coordinatore del progetto: Sigurd Hauer.

Il portico
The colonnade

A large residential building on a park in the west, its light, optimistic elements making its presence in the skyline clearly visible – that was the specification and the goal. The 60 by 60 m block is oriented around a large base, which straddles the rising U-Bahn tracks, and a colonnade with shops and restaurants along the Tilla-Durieux-Park. On the first floor, a fitness club is spread across 3000 square feet.

Above the fitness club, apartments are arranged around a rooftop garden. North of these blocks, a 35 m wide pedestrian footbridge leads across the emerging U-Bahn tracks; as an extension of the 18th century Bernburger Strasse leading east they have been named the Bernburger Steps. In front of the building to the west, a wide pavement with trees and the colonnade in natural stone provide a metropolitan invitation to stroll its lengths. The north Köthener Strasse façade recedes by two metres on both the 6th and 7th floors, and struts punctuate the terraces, resulting in an architectonic situation with an Italian touch. This large façade, with its various rusticated elements and plaster reliefs, draws reference to Milan's so-called »Ca'Brutta« (ugly house), built 1922. As the name suggests, Giovanni Muzio's great urban residential palace was not very well received when it was first built. Muzio belonged to the Novecento Milanese movement, which connected elements of classical architecture with principles

The Charleston, ingresso a doppia altezza.
The Charleston, two-storey entrance.

of the modern. This touch is a reference to the Italian Giorgio Grassi, the architect of Architettura Razionale, who shaped the atmosphere of this part of the Potsdamer Platz with his realisation of our master plan. The apartments are accessed centrally from the colonnade. Over the entrance, the name of the building »The Charleston« appears not in neon lights but engraved in »unfading« large letters. The lobby, fitted with valuable woods and accentuated with inset plaster reliefs, gives the impression more of being a hotel than the entrance of an apartment building.

Here, a concierge receives visitors. Large photographs of Potsdamer Platz during the roaring 1920s recall the history of this bustling part of the city. Stairs and elevators lead to the interior courtyard, situated above the U-Bahn tracks on the second floor, from which the apartments are accessed. Here residents and visitors encounter a completely different atmosphere from that of the busy street below: a peaceful garden with hedges, little trees and lawns, which enchants with its opulence. A colonnade running around three sides and a small fountain recall the theme of the cloister acoustically as well as architecturally.

Project direction: Sigurd Hauer

Vista nella corte porticata. Nella pagina a fianco, in alto: l'atrio del Charleston.
View into the courtyard colonnade. Opposite page top: the Charleston lobby.

Fontana nella corte porticata.
Fountain in the courtyard colonnade.

U

Stazione ferroviaria sopraelevata MBP, 1996–98

U-Bahnhof MBP, 1996–98

Planimetria. Nella pagina a fianco: l'entrata sud, vista da Landwehrkanal verso nord.
Site plan. Opposite page: the southern entrance, view from Landwehrkanal to north.

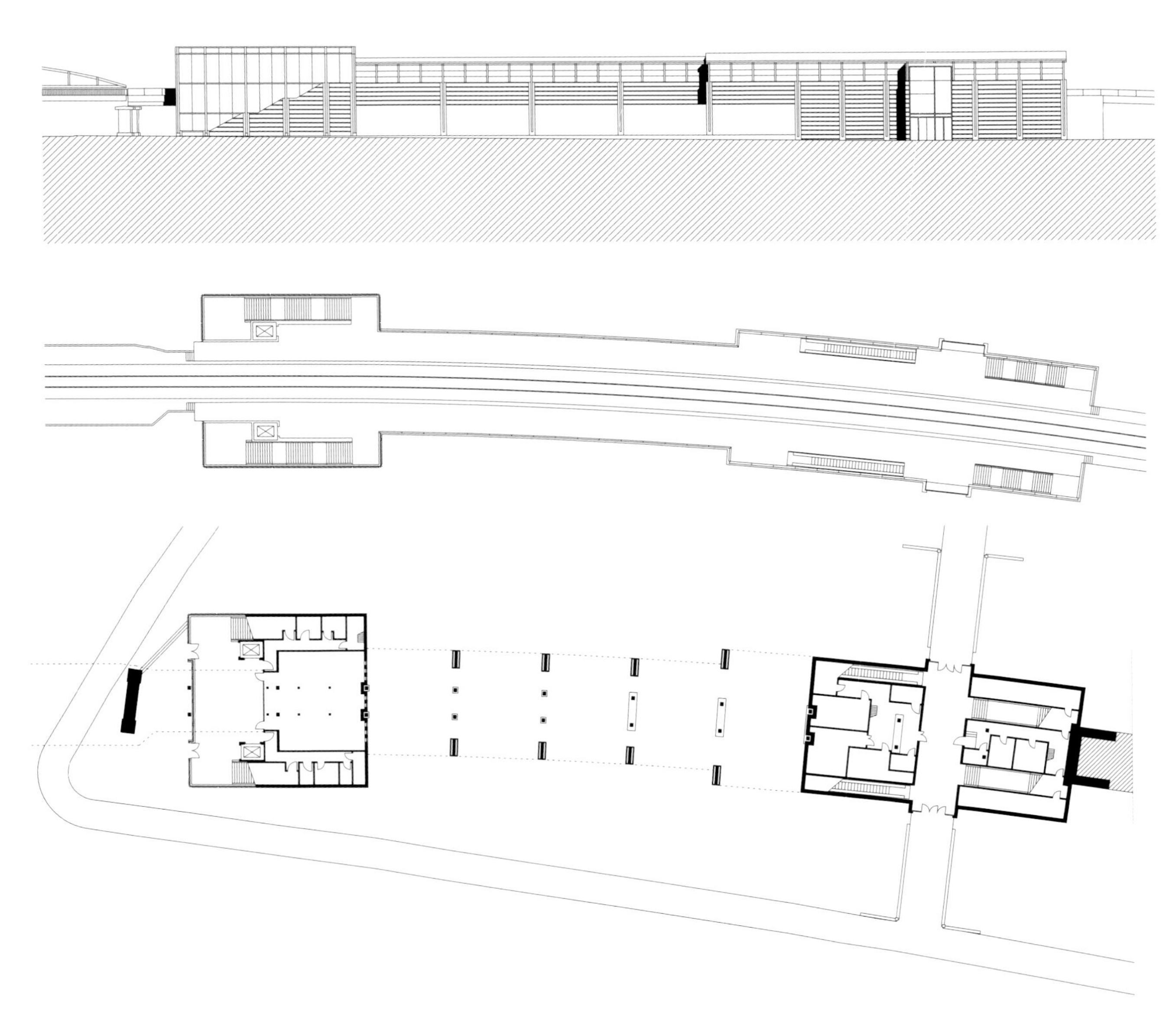

Dall'alto verso il basso: prospetto, primo piano, piano terra.
Nella pagina a fianco: interno dell'entrata sud.

From top to bottom: façade, first floor, ground floor.
Opposite page: interior of the Southern entrance.

In conformità con la sua funzione di edificio per il trasporto, la stazione ferroviaria sopraelevata Mendelsohn-Bartholdy è un edificio semplice con una struttura chiara. È solo da un esame più attento che le raffinatezze della facciata risultano evidenti. Gran parte del suo effetto deriva dalla scelta consapevole di consentire all'artigianalità della costruzione in muratura e ai precisi dettagli della carpenteria metallica di esprimersi. Questo tipo di scelta è stata fatta in diversi stili architettonici, come l'espressionismo. Alla fine, tuttavia, questa è una qualità che appartiene al materiale e quindi è senza tempo. L'aspetto di atemporalità distingue nettamente questo edificio da alcuni dei nuovi edifici nelle immediate vicinanze di Potsdamer Platz, nei quali il mattone di terracotta delle facciate – un materiale attinente – è stato utilizzato nel modo in cui viene utilizzato per gli edifici industriali.

Direzione del progetto: Alexander Waimer.

In accordance with its function as a transport building, the elevated train station Mendelsohn-Bartholdy is a simple building with a clear structure. It is only by closer inspection that the refinements of the facade become apparent. Much of its effect comes from the conscious choice of allowing the craftsmanship of the masonry building and the precise details of the steelwork to express itself. This sort of choice has been made in different architectural styles, such as Expressionism. In the end, however, this is a quality that belongs to the material and is therefore timeless. The aspect of timelessness clearly distinguishes this building from some of the new buildings in its immediate vicinity on Potsdamer Platz, where the terra cotta brick of the facades – a related material – has been used in the manner in which it is used for industrial buildings.

Project direction: Alexander Waimer.

U2
Mendelssohn-Bartholdy-Park
Ausgang

FINOW
FINOW
FINOW

Edificio residenziale e commerciale, Leipziger Platz 8
Berlin-Mitte, 2000–03

Residential and commercial building, Leipziger Platz 8
Berlin-Mitte, 2000–03

Veduta prospettica della facciata da Leipziger Platz.
Nella pagina a fianco: vista da Leipziger Platz.

Perspective view of the facade from Leipziger Platz.
Opposite page: view from Leipziger Platz.

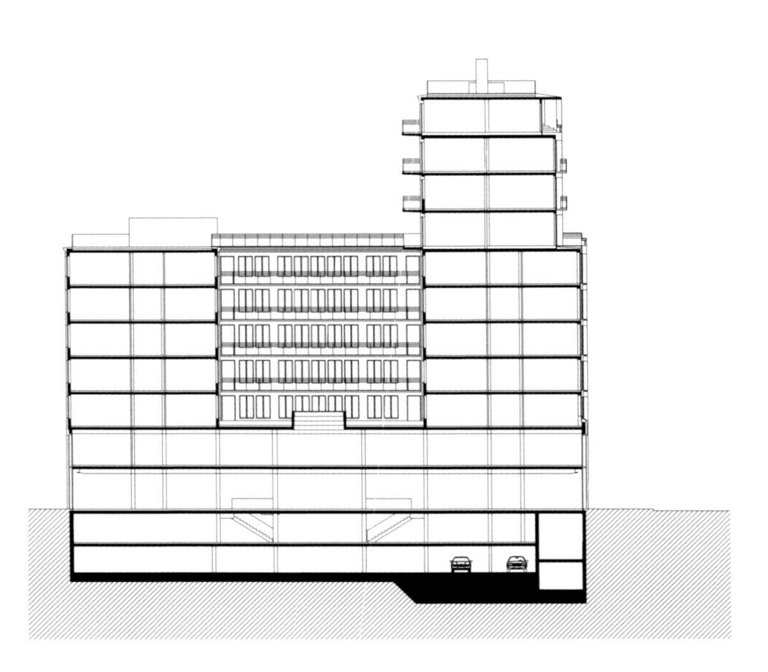

A sinistra: vista di dettaglio della facciata. A destra: sezione.
Left: detail view of the facade. Right: section.

Con questo edificio abbiamo avuto la possibilità di dare espressione architettonica alle intenzioni che stavano dietro al nostro masterplan del 1991 per lo sviluppo urbanistico di Leipziger Platz. A causa delle rigorose linee guida il più piccolo edificio sulla piazza era spazialmente quasi completamente predeterminato. Tutti i piani al di sotto della storica altezza di gronda di 22 m sono adibiti a uso commerciale. Sopra questa quota la facciata è arretrata di 2 m, in modo da non soltanto indicare chiaramente la differenza tra l'altezza di gronda storica e quella moderna di 35 m, ma anche che i quattro piani superiori sono ad uso residenziale.

Per tutti gli edifici sulla piazza è stata utilizzata una pietra arenaria chiara e noi abbiamo usato un bateig spagnolo. A causa dell'uniformità prevista per gli edifici, gli architetti hanno avuto la splendida opportunità di esprimersi esclusivamente nelle variazioni e negli affinamenti delle facciate. Come nostro tema abbiamo scelto una facciata ricurva verso l'interno.

Con la loro modanatura piatta, i due piani della base formano una zona incassata all'interno. Nell'area destra è presente un foyer a doppio volume che può essere visto da fuori attraverso una finestra in bronzo che si estende per tutta la sua altezza. Un intenzionale richiamo ai tipi dalla fine del diciannovesimo secolo (Gründerjahre) è evidente nel rivestimento in pietra naturale e nella scala di accesso al piano superiore che in effetti non è necessaria funzionalmente.

Sopra il foyer si trovano cinque piani di uffici con alte finestre francesi. Ogni piano è stato suddiviso in facciata in quattro campate che curvano leggermente verso l'interno. Ognuno di questi settori concavi è stato a sua volta suddiviso in tre parti da due montanti in arenaria larghi soltanto 20 cm e arrotondati. Il passaggio dalle quattro assialità dei piani superiori alle tre dello zoccolo di base rappresenta una deliberata rottura della tettonica.

In termini formali questa è la parte più sofisticata della facciata: il passaggio graduale dal muro dritto ai quattro settori di facciata concava è stato ottenuto attraverso la complessa geometria delle superfici lapidee.

Una distinzione netta è stata fatta nelle facciate dei piani residenziali: sono presenti piccoli balconi di bronzo e – al piano più alto – un rigoroso sistema di travi e pilastri in pietra conclude l'edificio.

L'edificio ha ricevuto il German Natural Stone Award nel 2005.

Direzione del progetto: Peter Westermann in gruppo con Sigurd Hauer, Peter O'Callaghan, Peter Solhdju, Frigga Uhlisch.

L'atrio.
The lobby.

With this building we had the chance to give architectural expression to the intentions behind our own urban development master plan of 1991 for Leipziger Platz. Because of the rigorous guidelines the smallest building on the square was spatially almost completely pre-determined. All of the storeys under the historic eaves' height of 22 m are for commercial purposes. After this point the facade is set back 2 m, thereby not only clearly indicating the discontinuity between the historic eaves' height and the modern one of 35 m, but also that the upper four storeys are used for residential purposes.

A light sandstone has been used for all of the buildings on the square and we have used a Spanish bateig. Because of the stipulated uniformity of the buildings, the architects were given the wonderful chance to express themselves solely in the variations and refinements on the facades. For our theme we chose an inwardly curving facade.

With its flat moulding, the two storeys of the base form a zone that recedes inwards. In the right-hand area is a two-storey foyer whose full height can be viewed from outside through an extensive bronze window. A deliberate proximity to models from the late 19th century (Gründerjahre) is evident in the wall covering of natural stone and in the stairway to the upper storey that is functionally actually not necessary.

Above the foyer lie five storeys of offices with tall French windows. Each storey has been divided into four areas that project slightly inwards. Each of these concave areas has been in turn divided into three parts by two narrow, rounded sandstone supports of 20 cm. The transition between the four axes of the upper storeys and the three axes of the socle zone that lies beneath them is a deliberate break in the tectonic.

In formal terms this is the most ambitious part of the facade. A soft transition from the straight wall to the four concave facade areas is achieved through the complex geometry of the stone surfaces.

A clear distinction has been made in the facades of the residential storeys: small bronze balconies and – in the uppermost floor – a strong rectangular system with a horizontal linear beam in limestone closes the building.

The building received the German Natural Stone Award in 2005.

Project direction: Peter Westermann in team with Sigurd Hauer, Peter O'Callaghan, Peter Solhdju, Frigga Uhlisch.

Piano di sviluppo, hotel, edifici residenziali e per uffici Lenbachgärten, Monaco, 2003–07

Urban Development, Hotel, Office and Residential Buildings Lenbachgärten, Munich, 2003–07

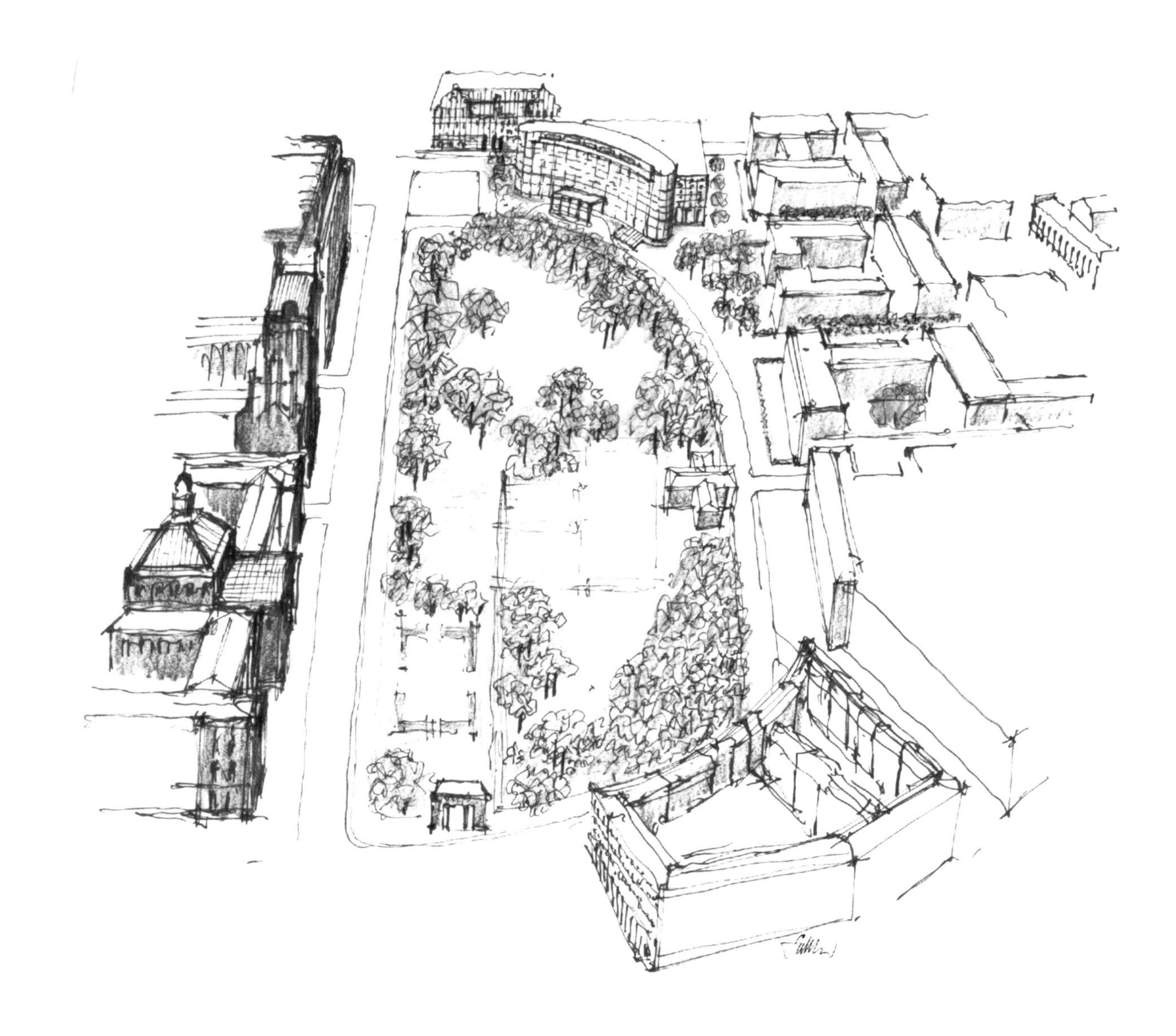

Vista da Sophienstrasse verso l'edificio per uffici, con l'hotel sulla sinistra e un edificio residenziale del Max Palais sulla destra.
Nella pagina a fianco: vista da Luisenstrasse attraverso il complesso verso est; sulla destra "The Charles Hotel"; sulla sinistra l'edificio per uffici con gli edifici residenziali sullo sfondo.

View from Sophienstrasse to the office building, with the hotel on the left and a residential building of Max Palais on the right.
Opposite page: view from Luisenstrasse through the complex to the east; on the right "The Charles Hotel"; on the left the office building with residential buildings in the background.

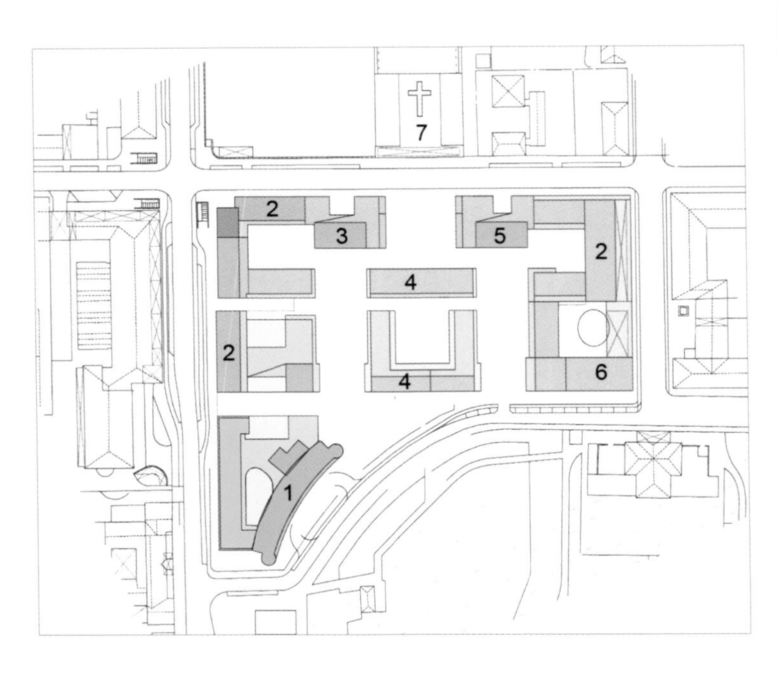

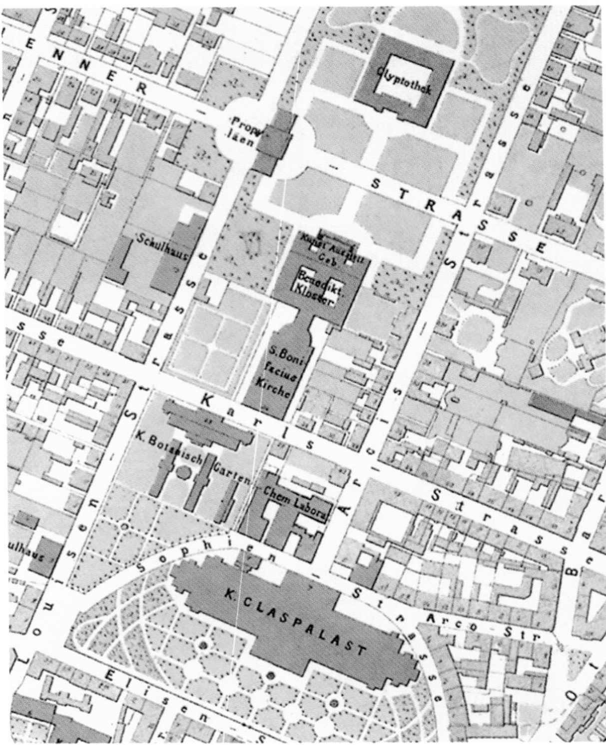

A sinistra: planimetria: 1 The Charles Hotel, 2 Edifici per uffici, 3 Edifici residenziali, 4 Edifici residenziali Max Palais, 5 Edifici residenziali (Otto Steidle), 6 Appartamenti a loft (Otto Steidle), 7 San Bonifacio.
A destra: mappa di Monaco del 1880 con l'asse dal Botanischer Garten verso la Glyptothek.

Left: site plan: 1 The Charles Hotel, 2 Office buildings, 3 Residential buildings, 4 Max Palais Residential buildings, 5 Residential buildings (Otto Steidle), 6 Loft apartments (Otto Steidle), 7 St. Boniface.
Right: map of Munich from 1880 with the axis from Botanischer Garten to Glyptothek.

Sviluppo urbanistico

La zona a nord del Vecchio Orto Botanico è parte di quello che viene chiamato Maxvorstadt.

Questo piano di sviluppo urbanistico rigorosamente ortogonale è stato tracciato da Leo von Klenze all'inizio del diciannovesimo secolo come una sontuosa espansione urbana per il re Maximilian I Joseph. Sia i musei che l'insieme su Königsplatz fungono da vertici compositivi; questi edifici sono stati commissionati da Ludwig I, figlio di Max Joseph, noto per la sua passione per l'architettura, per divenire importanti punti di riferimento per lo stato moderno. Nel Vecchio Orto Botanico, in occasione della Prima Mostra Generale dell'Industria Tedesca del 1854, è stato costruito un palazzo di vetro nello stile del Crystal Palace di Joseph Paxton a Londra. Negli anni Trenta questo esordio di musei e spazi espositivi nella zona fu vittima del fuoco: gli edifici a nord dei giardini furono distrutti nella Seconda Guerra Mondiale. La ricostruzione negli anni Cinquanta non tenne conto del caratteristico asse urbano, che si fa strada nell'area da nord – attraverso la Gliptoteca, i Propilei, l'Antica Collezione di Stato e la neo-romanica chiesa di San Bonifacio. Alla fine degli anni Novanta, gli antichi edifici universitari rimasero vuoti, a seguito del trasferimento dell'istituto di chimica dell'Università Tecnica di Monaco nella periferia della città. La vicinanza alla Hauptbahnhof ha contribuito a creare un'atmosfera triste in questa parte interna della città.

Quando lo stato bavarese, nel 2001, ha deciso di vendere l'intera area, ampia circa quattro ettari, è stato indetto un concorso urbanistico, che è servito come base per una sorta di nuovo inizio in stile americano – in poche parole, "dai bassifondi alla ricchezza". Il punto di partenza per la riconcettualizzazione di questa zona ad alta densità urbana è stato un particolare requisito della città di Monaco, cioè quello di essere in equilibrio tra funzioni residenziali e di business. Un hotel a cinque stelle a nord-ovest del Vecchio Giardino Botanico, ben visibile dalla Hauptbahnhof, serve come vertice compositivo.

La facciata concava dell'hotel si orienta verso lo spazio verde.

A est del hotel si trova un edificio di appartamenti di lusso, che si affaccia anche sul Vecchio Orto Botanico. Il concorso offrì anche la possibilità di creare una piazza adeguata di fronte all'abbazia di San Bonifacio su Karl-

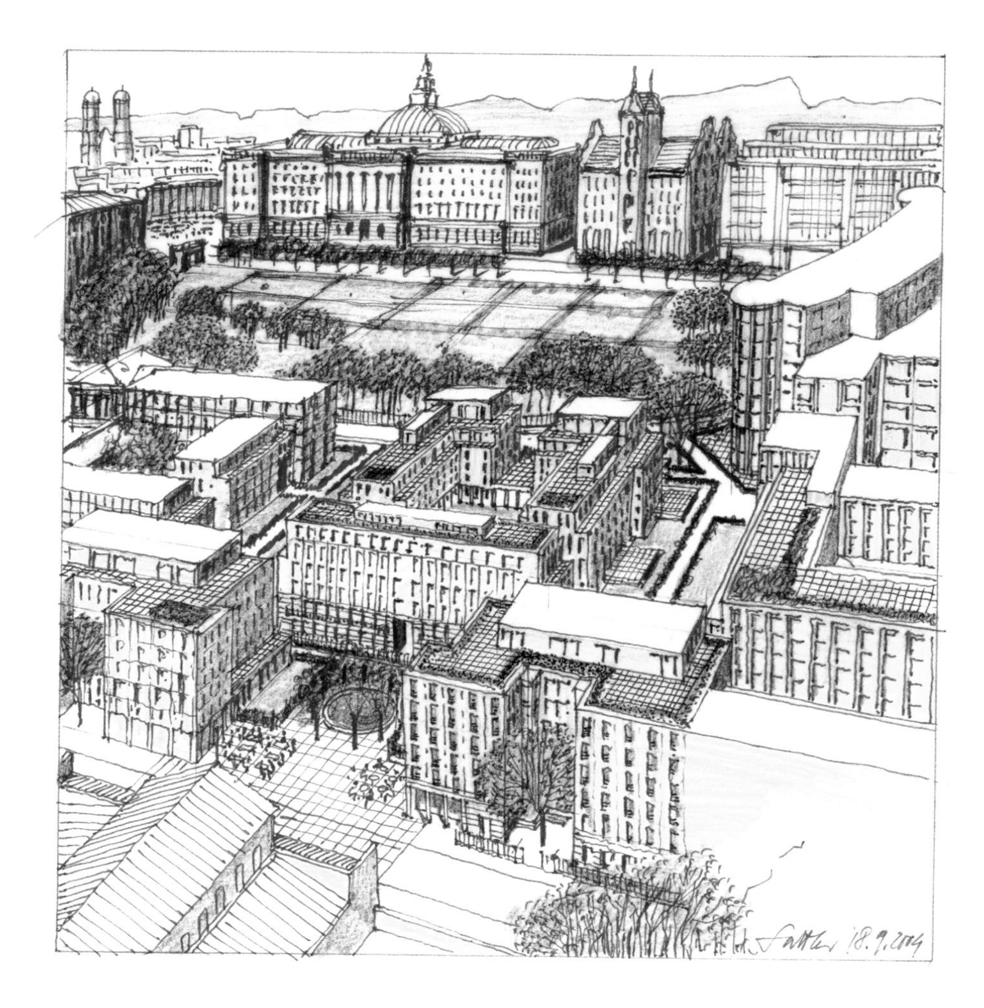

Veduta prospettica nord dall'abbazia di San Bonifacio, la nuova piazza e gli edifici residenziali verso le Alpi bavaresi e la Zugspitze.
Perspective view north from St. Boniface Abbey and the new square and residential buildings to the Bavarian Alps and Zugspitze.

Urban development

The area north of the Old Botanical Gardens is part of what is called the Maxvorstadt.

This strictly orthogonal urban development was laid out by Leo von Klenze at the beginning of the 19th century as a lavish urban expansion for King Maximilian I Joseph. Both museums and the ensemble at Königsplatz serve as culmination points; these buildings were commissioned as prominent landmarks of the modern state by Ludwig I, Max Joseph's son, who was known for his passion for architecture. In the Old Botanical Gardens a glass palace in the style of Joseph Paxton's Crystal Palace in London was constructed for the First General German Industry Exhibition in 1854. In the 1930s this prelude to the museums and exhibition spaces of the area fell victim to a fire; the buildings north of the gardens were destroyed in World War II. Reconstruction in the 1950s failed to take the characteristic urban axis, which works its way into the area from the north – through the Glyptothek, Propylaea, State Antiques Collection and the neo-romanesque church St. Boniface – into account. By the end of the 1990s, the old university buildings stood empty, after the chemistry institute of the TU-Munich was moved to the outskirts of the city. The proximity to Munich Hauptbahnhof contributed to the sad atmosphere of this inner-city area.

When the Bavarian state decided to sell the approximately four hectare-large area as a whole in 2001, an urban competition was announced, which served as the basis for a kind of American-style new beginning – to put it simply, "from rags to riches". The starting point for the re-conceptualisation of this highly dense urban area was the city of Munich's requirement of an equal balance between residential and business functions. A five star hotel northwest of the Old Botanical Gardens, clearly visible from the Hauptbahnhof, serves as the culmination point.

The hotel's concave façade orients itself towards green space.

East of the hotel is a luxury apartment building, which also looks out onto the Old Botanical Gardens. The competition also offered the chance to establish a suitable square in front of St. Boniface Abbey on Karlstrasse, and

Vista dall'interno del Lenbachgärten, con l'edificio per uffici e l'hotel a torre sulla destra e l'edificio residenziale Max Palais sulla sinistra.

View from inside Lenbachgärten, with the office building and hotel tower on the right and residential buildings of Max Palais on the left.

strasse, e quindi di recuperare lo storico asse urbano, estendendolo attraverso la zona residenziale fino al Vecchio Orto Botanico. Hans Döllgast – che ha insegnato disegno a Christoph Sattler e Heinz Hilmer presso il vicino TH di Monaco di Baviera – ha già apportato un giusto contributo alla continuazione dell'asse con l'imponente restauro di San Bonifacio.

Ulteriori edifici residenziali sono disposti attorno a questa piazza di nuova realizzazione, con una fontana. Edifici per uffici occupano gli angoli nord-ovest e nord-est della proprietà. I percorsi tra i blocchi sono rigorosamente ortogonali per consentire ai pedoni di camminare in tutte le direzioni, tra piccoli e lussuosi giardini coltivati. Il nostro vecchio amico e collega da tanti anni, Otto Steidle, si piazzò al secondo posto al concorso. Siamo stati molto fortunati ad aver potuto avviare un dialogo con lui e con la sua costruzione sulla nuova Bonifatiusplatz. Purtroppo però è morto troppo presto, ancor prima dell'inizio dei lavori.

thus to regain the historical urban axis and extend it through the residential area to the Old Botanical Gardens. Hans Döllgast – who taught Christoph Sattler and Heinz Hilmer drawing at the nearby TH-Munich – has already managed a fitting tribute to the continuation of the axis with his impressive restoration of St. Boniface.

Further residential buildings are arranged around this newly created square with a fountain. Office buildings occupy the northwest and northeast corners of the property. Pathways between the strictly orthogonal blocks enable pedestrians to walk through in all directions, between small, luxuriously planted gardens. Our old friend and colleague of many years, Otto Steidle, was awarded second place in the competition. We were very fortunate to be able to engage in dialogue with him and his building across the newly created Bonifatiusplatz – sadly he passed away much too early, and before construction had begun.

Il Charles Hotel, vista da Sophienstrasse.
The Charles Hotel, view from Sophienstrasse.

L'Hotel Charles

L'aspetto architettonico dell'edificio è segnato da una sobria eleganza, che rivela il suo valore solo al secondo sguardo. Il leggero arrotondamento della facciata sud-est, incorniciata su entrambi i lati da torri rotonde, che giocano anch'esse sul tema della curva, rivolge un gesto di accoglienza agli ospiti in arrivo.

Questo edificio si pone nella tradizione dei grandi hotel del diciannovesimo secolo in Costa Azzurra. La facciata è composta principalmente di pietra naturale Crema Sintra, un'arenaria chiara del Portogallo. La pietra è stata lavorata con vari motivi classici, come scanalature verticali, con una tecnica visibilmente artigianale. La maggior parte delle camere si affaccia sul Vecchio Orto Botanico, con ampie finestre e balconi, le cui balaustre, finemente forgiate in alluminio pressofuso, ricordano la Belle Epoque parigina. I telai delle finestre dei primi due piani sono

The Charles Hotel

The building's architectonic appearance is shaped by an elegance, which only betrays its treasures at second glance. The simple rounding of the southeast façade proffers an inviting gesture for arriving guests. It is framed on both sides by round towers, which also play on the theme of the curve.

This building stands in the tradition of the great hotels of the 19th century on the Côte d'Azur. The façade consists primarily of the natural stone Crema Sintra, a light sandstone from Portugal. Various classical motifs like upright grooves have been worked into the stone, using a visibly handcrafted technique. Most rooms look over the Old Botanical Gardens with large windows and balconies whose balustrades, intricately forged in cast aluminium, recall the Parisian Belle Epoque. The window frames of both first floors are made of heavy bronze, the tower windows

Il Charles Hotel.
The Charles Hotel.

Atrio del Charles Hotel.
Lobby of The Charles Hotel.

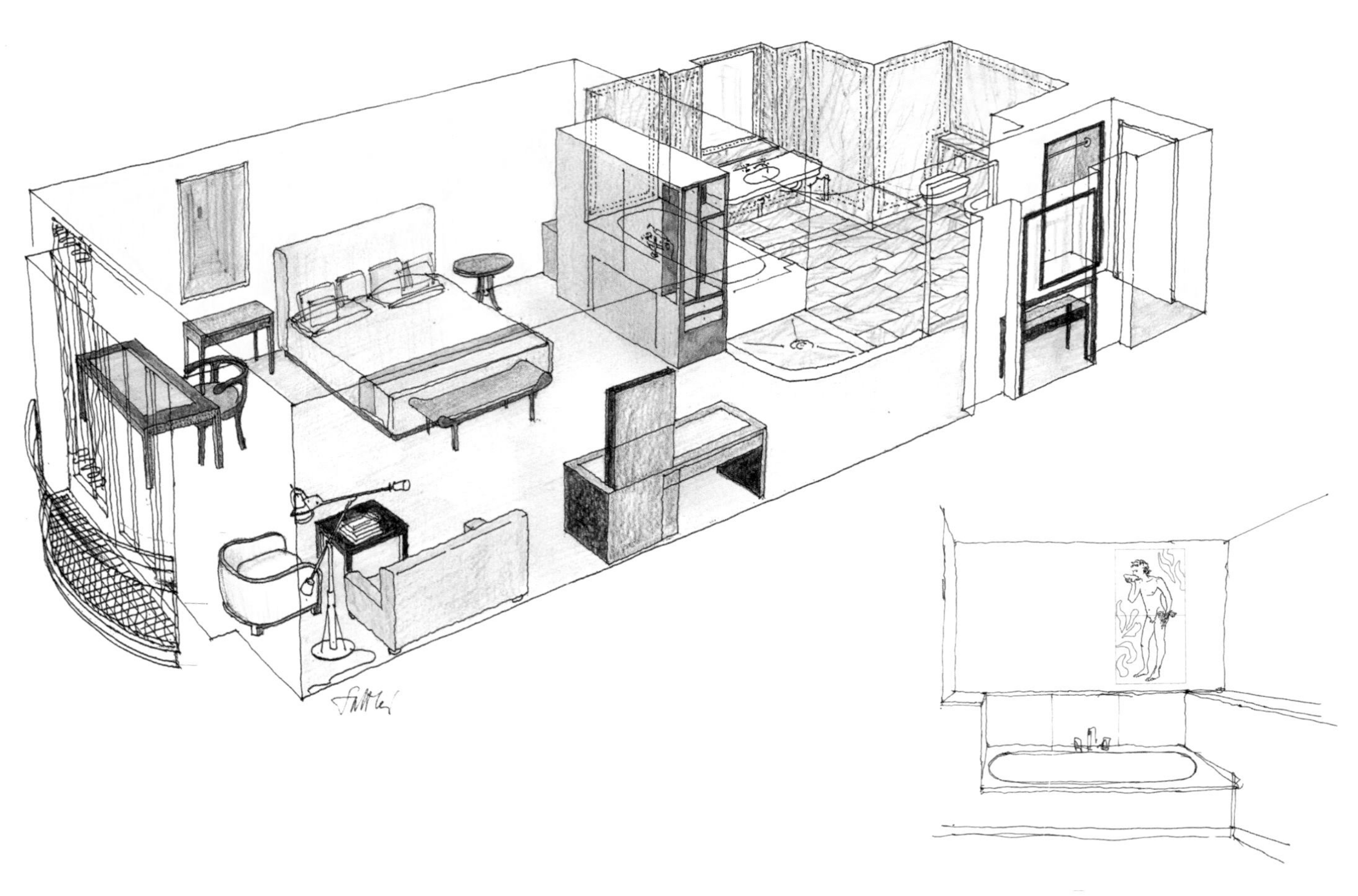

Disegno di una camera dell'hotel, incluso l'arredamento, e disegno per il rilievo del "Ragazzo che beve", che si ispira a Adolf von Hildebrand, calcato in porcellana di Nymphenburg.

Drawing of a hotel room including furniture and drawing for the relief "Drinking Boy" inspired by Adolf von Hildebrand, cast in Nymphenburg Porcelain.

realizzati in bronzo massiccio, le finestre della torre in vetro incurvato. Il tema di metallo artigianale continua dal tetto e dalle balaustre finemente lavorate fino alle grandi lettere d'oro con il nome dell'albergo "The Charles Hotel".

Il cuore dell'edificio è la sala d'ingresso alta due piani con un lucernario – un motivo tradizionale dell'architettura degli alberghi del diciannovesimo secolo. Sulle pareti sono appesi dipinti a olio di Franz von Lenbach (1836-1904), la cui residenza originale – oggi uno dei musei più importanti di Monaco, il Lenbachhaus – si trova a soli 100 metri di distanza e pertanto rappresenta un importante riferimento. Il tema del muro incurvato continua nella sala d'ingresso e nel ristorante a doppio volume. La sala da ballo di 300 metri quadrati è arredata in stile Art Déco. Elementi orizzontali e verticali strutturano uno spazio alto cinque metri, mentre motivi floreali adornano i quattro angoli della stanza. Il design interno dell'edificio è classicamente moderno, con riferimenti a Monaco, come si può osservare dai rilievi in porcellana dei bagni, appositamente realizzati, che riportano i temi delle sculture di Adolf von Hildebrand, bisnonno di Christoph Sattler.

are curved glass. The theme of metal handcraft continues from the canopy and its finely worked balustrades to the large gold letters with the hotel name "The Charles Hotel".

The heart of the building is the twostorey high entrance hall with skylight – a traditional motif of 19th century hotel architecture. The walls are decorated with oil paintings by Franz von Lenbach (1836–1904), whose original residence – today one of Munich's most important museums, the Lenbachhaus – lies only a few 100 metres away. The interior decoration thus offers an important reference to place. The theme of the rounded wall is continued in both the entrance hall and the two-storey high restaurant. The 300 square metre ballroom is decorated in Art Déco style. Horizontal and vertical profiles structure the five metre high space, and floral motifs adorn the four corners of the room. The building's interior design is classically modern, with Munich references. This is also evident in the specially-made porcelain reliefs in the bathrooms, which quote themes from the sculptures of Adolf von Hildebrand, Christoph Sattler's great-grandfather.

Ingresso all'edificio per uffici dal viale verso Luisenstrasse.
Entrance to the office building from the driveway to Luisenstrasse.

Edificio per uffici

Nella parte nord-occidentale del blocco, direttamente confinante con l'hotel, si trova l'edificio per uffici. L'edificio si estende lungo Luisenstrasse fino a Karlstrasse ed è circondato da un piccolo parco nella parte orientale. La sua forte facciata strutturata verticalmente – anch'essa in Crema Sintra – trae il suo carattere dal fatto che i singoli serramenti in alluminio scompaiono dietro ai pilastri di pietra naturale, in modo tale che l'edificio sembra consistere di due soli materiali: la caratteristica pietra chiara e le lastre di vetro. I profili di pietra, con un taglio triangolare, sono inclinati di 45 gradi rispetto ai piani della facciata, per cui si verifica un gioco di contrasto tra luci e ombre, in base alla posizione del sole.

Office Building

In the northwestern part of the block, directly bordering the hotel, is the office building. It stretches along Luisenstrasse until Karlstrasse and is surrounded by a narrow park in the east. Its strong, vertically structured façade – also in Crema Sintra – draws its character from the fact that the individual aluminium window frames disappear behind the pillars of natural stone, so that the building appears to consist of only two materials: the distinctive light stone and the panes of glass. The stone profiles with a three-corner cut are tilted at 45 degrees towards the planes of the façade, whereby a contrasting play of light and shadows occurs, according to the position of the sun.

Vista dell'edificio per uffici dalla Luisenstrasse, con la facciata nord dell'hotel sulla destra.
View of the office building from Luisenstrasse, with the north façade of the hotel on the right.

Sopra, un'evidente fascia orizzontale conclude ognuno dei sei piani quasi identici.
Infine, il piano superiore, progettato in modo semplice, è dominato da un prominente tetto a lanterna, con un bordo che sporge di 1,2 metri – anche qui, tutti gli elementi visibili sono in pietra naturale o vetro. La radiosa pietra chiara e le diverse articolazioni della facciata, regolari e precise, suggeriscono un rimando al classicismo; il notevole parapetto ricorda più da vicino l'Italia.

Above, a clear horizontal band concludes each of the six almost identical storeys.
Finally, the simply designed top floor is dominated by a prominent lantern roof with a 1.2 metre protruding edge – here, all of the visible elements are also either natural stone or glass. The optimistic light stone and the many regular and precise articulations of the façade prompt associations with classicism; the noticeable parapet wall most closely recalls Italy.

Vista dell'edificio per uffici dalla corte; il viale conduce alla Luisenstrasse.
View of the office building from the courtyard; the driveway leads to Luisenstrasse.

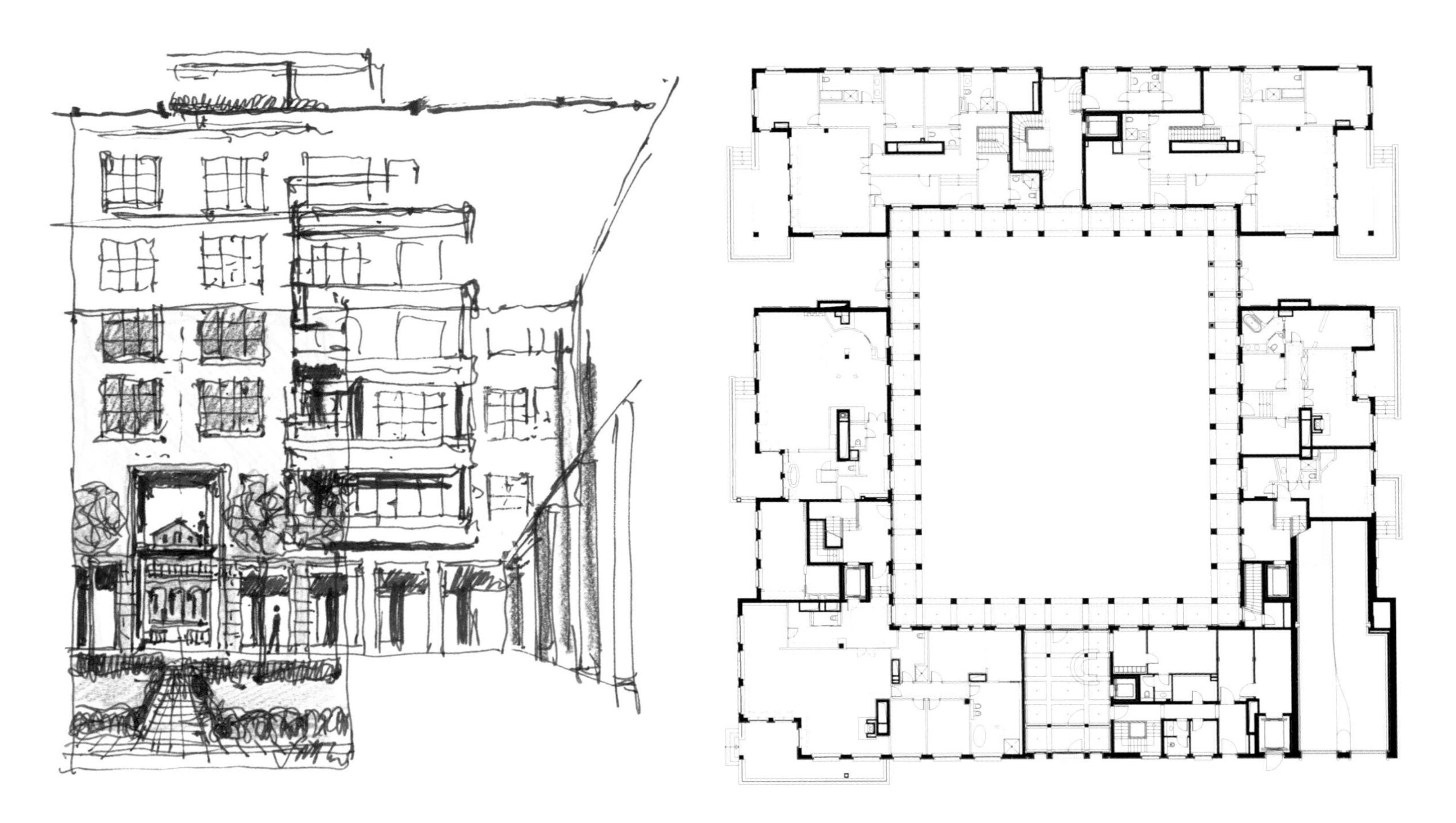

A sinistra: la corte del Max Palais con la vista verso San Bonifacio attraverso l'ingresso a due piani della hall.
A destra: pianta del primo piano dei tre edifici residenziali, accessibile dall'atrio centrale.

Left. Max Palais courtyard with the view to St. Boniface through the two-storey entrance hall.
Right. First floor plan of the three residential buildings, accessible through the central lobby.

Edifici residenziali Max Palais

Il complesso residenziale a nord del Vecchio Orto Botanico è composto da un blocco occidentale, costituito da tre edifici, che sono stati realizzati dal nostro studio, e da una parte adiacente a est progettata dai nostri colleghi Otto Steidle e Johann Spengler. Questi due approcci progettuali differenti, all'interno di una planimetria e un'altezza di gronda predeterminate, non soltanto generano una varietà a livello visivo, ma si rivolgono anche a una diversa categoria di potenziali abitanti.

In termini di progetto, il "Max Palais" è legato alla lottizzazione del Tiergartendreieck a Berlino, ma è anche simile al Klostergarten a Münster e ai due complessi residenziali di Mendelssohn-Bartholdy-Park a Berlino. L'ingresso principale centrale, che collega i due edifici a sud, è una hall circondata da colonne con il bancone della reception per il portiere. La vista corre – lungo l'asse urbano descritto prima – attraverso il cortile interno e la sala a doppio volume della scala del palazzo settentrionale, sulla piazza appena creata, fino alla facciata della chiesa di San Bonifacio. Questa visibile assialità conferisce generosità all'insieme.

Lo spazio della hall, illuminato da entrambi i lati, è riccamente decorato: il pavimento è rivestito con un terrazzo alla veneziana, mentre il bancone, le pareti e il soffitto luminoso sono decorati con un'impiallacciatura di ciliegio americano. Schizzi ad olio dal pittore Franz von Lenbach forniscono un riferimento locale.

I visitatori raggiungono le tre scale attraverso un portico, anch'esso adornato con il terrazzo alla veneziana. In questo modo essi possono fare esperienza del chiostro come di un giardino, in cui la fontana costituisce un contrasto acustico con il rumoroso mondo urbano esterno.

La corte del Max Palais con il portico.
Max Palais courtyard with colonnade.

Max Palais Residential Buildings

The residential ensemble north of the Old Botanical Gardens is composed of a western block, consisting of three buildings, which were executed by our firm, and a concluding eastern section designed by our colleagues Otto Steidle and Johann Spengler. These two different design approaches within the predetermined building layout and eares heights not only create a visual diversity but also address a wide range of potential inhabitants.

In design terms, the "Max Palais" is related to the Tiergartendreieck housing development in Berlin; it is also similar to the Klostergärten in Münster and the two Mendelssohn-Bartholdy-Park residential complexes in Berlin. The central main entrance, which connects the two southern buildings, is a lobby shaped by columns with the reception counter for the concierge. The view proceeds – along the urban axis described above – through the interior courtyard and the two-storey hall of the staircase of the northern building, over the newly created square, all the way up to the church façade of St. Boniface. This palpable link to the axis lends the ensemble generosity.

The lobby space, lit from both sides, is richly decorated: a multi-coloured terrazzo adorns the floor while the counter, the walls and the ceiling gleam in American cherrywood veneer. Oil sketches by the painter Franz von Lenbach provide a local reference.

Visitors reach the three stairways via a colonnade that is also laid out with terrazzo. In this way they experience the cloister-like garden, in which the fountain forms an acoustic contrast to the loud urban world outside.

A sinistra: i balconi del Max Palais e gli edifici a loft di Otto Steidle sulla destra.
A destra: vista all'interno della corte.
Nella pagina a fianco: ingresso principale al Max Palais.

Left: balconies of Max Palais and Otto Steidle's loft buildings on the right.
Right: view into the courtyard.
Opposite page: main entrance to Max Palais.

La materialità delle facciate è volutamente più contenuta: finestre in legno dipinte di bianco completano serenamente le luminose facciate intonacate, piccoli balconi di metallo apportano leggerezza, una sporgenza del tetto fortemente scolpita conclude gli edifici in alto. I pluviali sono dipinti di nero, aggiungendo un senso di gravità, mentre balconi generosi si aprono verso l'esterno dell'edificio.

La decorazione delle terrazze con siepi che corrono lungo tutta la lunghezza della balaustra, i piccoli padiglioni, così come le nicchie protette dal vento e le vasche idromassaggio, rendono il dispositivo attraente. Da qui, quando c'è bel tempo o durante la stagione del Föhn (vento caldo bavarese che viene da sud), è possibile guardare al di là delle torri della Frauenkirche verso le Alpi bavaresi e la Zugspitze e avere nostalgia dell'Italia, che si estende a sud delle montagne.

The materiality of the façades is consciously simple: white painted wooden windows calmly complement light render façades, small metal balconies provide airiness, a strongly sculpted roof ledge concludes the buildings at the top. The downspouts are painted black adding a sense of clarity, while generous balconies open the building outwards.

The decoration of the roof terraces with hedges that run along the length of the balustrade, small pavilions, as well as wind-protected niches and jacuzzis, makes for an attractive arrangement. From here, in good weather or during the seasonal Föhn (Bavarian hot southerly wind), you can look over the towers of the Frauenkirche to the Bavarian Alps and the Zugspitze and yearn for Italy, lying south of the mountains.

Vista nord verso il monastero di San Bonifacio, costruito da Georg Friedrich Ziebland nel 1878;
sulla destra, edificio residenziale del nostro collega Otto Steidle. Sotto: dettaglio dell'ingresso principale del Max Palais.

View north to St. Boniface monastery, built by Georg Friedrich Ziebland, 1878;
on the right residential building by our colleague Otto Steidle. Bottom: Detail of the main entrance of Max Palais.

La piazza di fronte a San Bonifacio

La piazza simmetrica di fronte al portico di San Bonifacio ha svolto un ruolo decisivo nel corso della gara e nel successivo affinamento dello sviluppo urbano: per noi era importante dare al fronte sud su Karlstrasse una struttura invitante. Questa operazione è stata eseguita – venendo da est – inizialmente grazie a due piccole nicchie sul fronte strada e poi attraverso lo spazio di apertura della piazza. Le sue proporzioni dovrebbero evocare un carattere intimo - come una piazzetta - che appare nella zona davanti alla strada, mentre la parte meridionale conduce ai giardini degli edifici residenziali. Uno spostamento delle altezze di gronda da sei a cinque piani sugli angoli della piazza supporta questo effetto di intimità. I 31 m di larghezza della piazza su Karlstrasse e il suo ampliamento a sud di 37 m (dal primo al quinto piano) si riferiscono alle aperture dell'intera galleria meno le zone di bordo chiuse della facciata di San Bonifacio (le nove arcate di 3,5 m e le due campate di bordo di 3,5 m formano una lunghezza complessiva della facciata di 38,5 m). Un'esatta corrispondenza geometrica tra la lunghezza della facciata di San Bonifacio e la larghezza della piazza ci sembrava quasi una non-percezione spaziale, e non aveva senso in termini di visione prospettica della piazza.

La grande fontana circolare circondata da una panca invita a soffermarsi. In accordo con l'abate del monastero benedettino di San Bonifacio, è stato inciso sull'anfora "Panta rhei" (in greco "tutto scorre"). Attorno alla fontana, corre una citazione della Santa Regola di san Benedetto, che si traduce: "Alzati dal sonno. Apri gli occhi alla luce. Non indurite il vostro cuore e ascoltate!"

Gruppo di progetto: Direzione generale di progetto: Ulrich Greiler; insieme a Sigurd Hauer (hotel), Peter Westermann (Max Palais), Alexande Waimer (edificio per uffici).

Vista dal portico di San Bonifacio lungo Karlstrasse verso il Lenbachgärten. Sotto: la fontana.
View from the portico of St. Boniface across Karlstrasse to Lenbachgärten. Bottom: the fountain.

The Square opposite St. Boniface

The symmetrical square facing the arcade of St. Boniface played a deciding role in the competition process and in the following refinements to the urban plans: It was important to us to provide the south front of Karlstrasse with an inviting structure. This was achieved – coming from the east – preliminarily by two small recesses in the street façade and then through the spatial opening of the square. Its proportions should evoke an easy, intimate character – like a piazzetta – which has an appearance in the front area on the street, while the southern half leads to the garden of the residential development. An offset of the heights of the eaves from six to five storeys on the square's corners supports this intimate effect. The 31 m width of the square on Karlstrasse and its expansion in the south to 37 m (first to fifth upper levels) refers to the arcade openings minus the closed border edges of the façade of St. Boniface (the nine arcades at 3.5 m and two border edges at 3.5 m form an entire façade length of 38.5 m). An exact geometric counterpart between the façade length of St. Boniface and the width of the square seemed almost un-spatial to us, and didn't make sense in terms of the perspectival feeling of the square.

The large round fountain with surrounding bench invites you to linger. In consultation with the abbot of the Benedictine cloister of St. Boniface, »panta rhei« (Greek for »everything flows«) was engraved on the amphora. Around the fountain runs a quote from the Holy Rule of St. Benedict, which translates: »Arise from sleep. Open your eyes to the light. Harden not your heart and listen!«

Design team: Overall project direction: Ulrich Greiler; together with Sigurd Hauer (hotel), Peter Westermann (Max Palais), Alexande Waimer (office building).

In alto e nella pagina a fianco: atrio, banco, muro e pannelli del soffitto in legno di ciliegio americano; pavimento in terrazzo; lampada da tavolo di Desny, progetto del 1924; lampada a soffitto di Marianne Brandt; studi ad olio di Franz von Lenbach. In basso: dettaglio del pavimento del terrazzo con incorporata una placchetta di ottone con un ritratto di Franz von Lenbach.

Top and opposite page: lobby, desk, wall and ceiling panelling in American cherrywood; terrazzo flooring; lamp on desk by Desny, design 1924; ceiling lamp by Marianne Brandt; oil studies by Franz von Lenbach. Bottom: floor detail of terrazzo with embedded brass plate with a portrait of Franz von Lenbach.

In questa e nella pagina a fianco: ingressi ai singoli appartamenti all'interno dell'edificio.
Current and opposite page: individual apartment entrances inside the building.

Particolare del corrimano della scala.
Nella pagina a fianco: cassette delle lettere in uno spazio separato vicino all'atrio del Max Palais.
Detail staircase handrail.
Opposite page: letterboxes in a separate room beside the lobby of Max Palais.

SEI EDIFICI URBANI

SIX URBAN BUILDINGS

Casa Herter, Schwabing, Monaco, 1976–79
Herter House, Schwabing, Munich, 1976–79

Ampliamento dell'Oberfinanzdirektion di Monaco, 1985–90
Extension of the Munich Oberfinanzdirektion, 1985–90

Edificio residenziale al 59 di Kurfürstenstraße, Tiergarten, Berlino, 1982–87
Residential building at 59 Kurfürstenstraße, Tiergarten, Berlin, 1982–87

Edifici per uffici, Karl-Scharnagl-Ring, Monaco, 1999-2003
Office buildings, Karl-Scharnagl-Ring, Munich, 1999-2003

Centro per conferenze Einstein Congress, San Gallo, 2001–09
Einstein Congress Conference Centre, St. Gallen, 2001–09

Edificio residenziale, Diplomatenpark, Berlin-Tiergarten, 2008–09
Residential Building, Diplomatenpark, Berlin-Tiergarten, 2008–09

Casa Herter, Schwabing
Monaco, 1976–79

Herter House, Schwabing
Munich, 1976–79

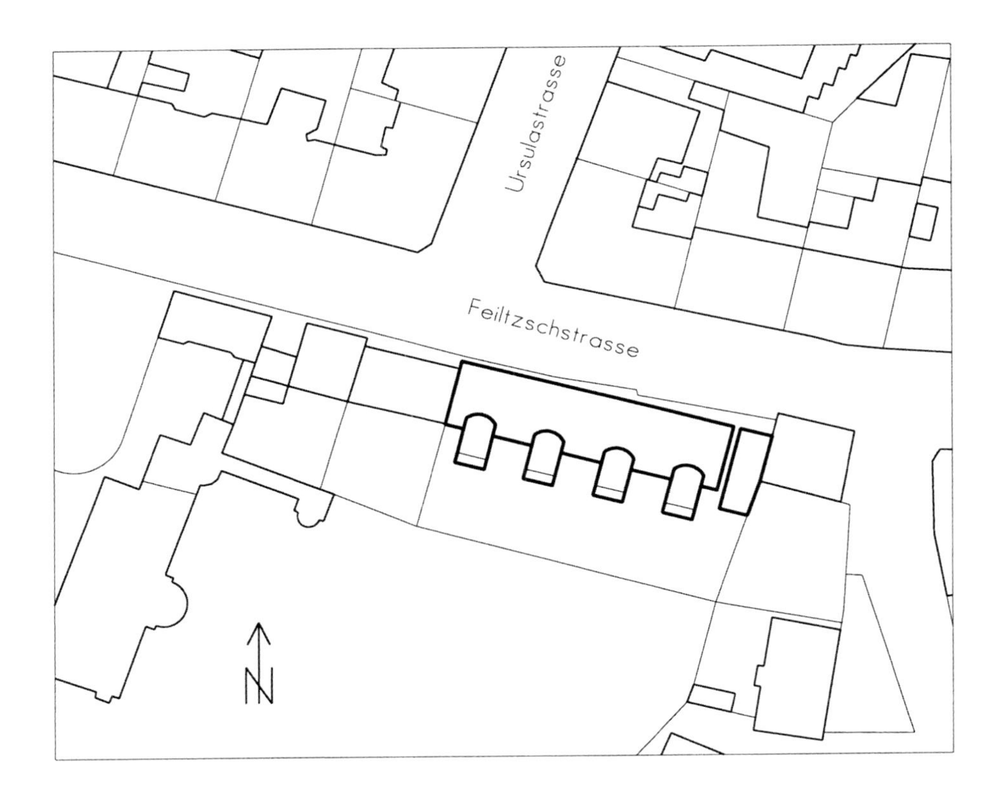

Planimetria.
Nella pagina a fianco: vista generale della facciata nord.

Site plan.
Opposite page: General view of the north façade.

Vista dell'edificio da est.
View of the building from the east.

Nel quartiere di Schwabing si sovrappongono tre approcci urbanistici molto diversi, derivanti da altrettanti sviluppi storici: l'elemento rurale – nelle immediate vicinanze si sono mantenuti i resti del vecchio borgo di Schwabing; l'elemento feudale – il piccolo palazzo Surenne con il parco e il palazzo Werneck poco più a sud; l'elemento urbano – l'adiacente isolato periferico della città, sviluppatosi a partire dal 1870.

Quindi il complesso architettonico non è uniforme, ma vive di una varietà di coperture, altezze di gronda, misure e forme architettoniche individuali.

Il tetto a botte è sicuramente un elemento di novità aggiuntivo, tuttavia si adatta alla situazione data, in termini di altezza, misura ed effetto prospettico nello spazio della strada.

Al posto dei corridoi, gli appartamenti hanno una sala centrale che fornisce l'accesso a tutte le stanze. Aprendo le porte è possibile collegare sala da pranzo, disimpegno, soggiorno e loggia in un'unica sequenza assiale di spazi. Se ci posizioniamo su questo asse, tutti i collegamenti spaziali e le dimensioni longitudinali risultano immediatamente comprensibili. Tutti i salotti e le camere da letto si affacciano sul tranquillo parco a sud, mentre bagni, cucine e sale da pranzo si affacciano sulla strada. Nelle mansarde si creano condizioni affascinanti in termini di spazio e illuminazione, grazie alla forma a botte del tetto principale e al modo in cui questo interseca le botti laterali e gli abbaini.

Il semplice ritmo di grandi aperture vetrate, finestre semplici e finestre a golfo, che non fuoriescono dal piano, definisce la facciata su due livelli di questo silenzioso edificio unitario.

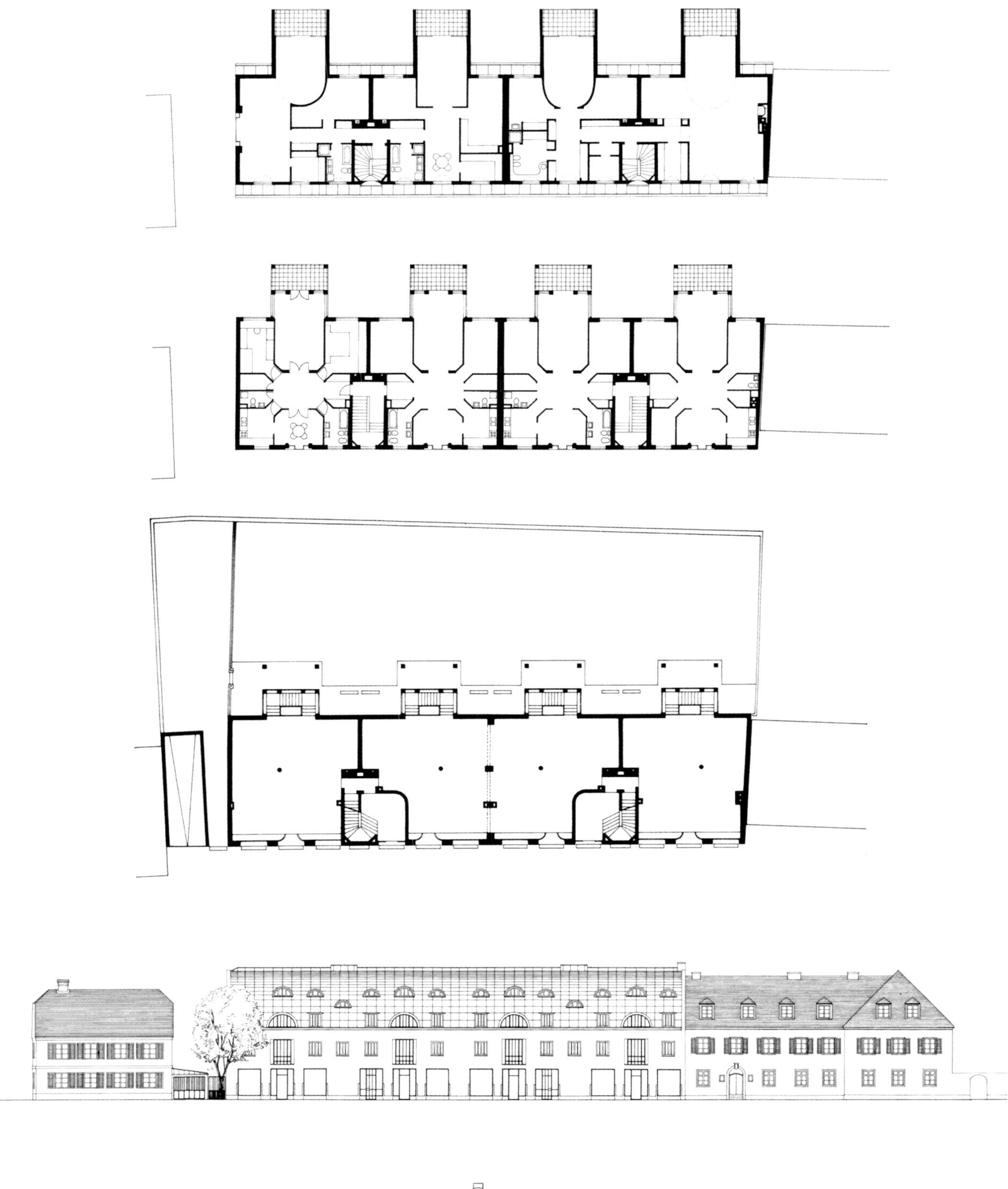

Piante (piano attico, piano tipo, piano terra).
Prospetto nord dell'edificio. Prospetto est dell'edificio.

Floor plans (top floor, typical floor, ground floor).
Elevation of the building from the north. Elevation of the building from the east.

Dettaglio della finestra.
Nella pagina a fianco: vista generale della facciata nord.

Window detail.
Opposite page: general view of the north façade.

Three very different urban-development approaches overlap in the district of Schwabing, all arising from historical developments: the village element – remains of the old village of Schwabing have survived in the immediate vicinity; the feudal element – the little Surenne palace with park and the little Werneck palace further to the south; the urban element – the adjacent block-periphery development dating from the 1870s.

Thus the architectural ensemble is not uniform, but thrives on a diversity of roof shapes, building heights, scales and individual architectural forms.

The barrel roof certainly is an additional new element, but it fits in with the given situation in terms of height, scale and its perspective effect in the street space.

Instead of corridors, the flats have a central hall providing access to all the rooms. Opening wing doors makes it possible to link dining area, hall, living room and loggia as an axial sequence of space. Positioning oneself on this axis makes all the spatial links and longitudinal dimensions immediately comprehensible. All the living rooms and bed rooms face the quiet park on the south side, bathrooms, kitchens and dining areas face the road. Attractive conditions in terms of space and lighting are created in the attic flats by the barrel shape of the main roof and the way in which this intersects with side barrels and dormers.

The simple rhythm of display-window openings, windows and bays set on the plane defines the two-storey façade of this quiet, unified building.

H
Ottostraße
P

Ampliamento dell'Oberfinanzdirektion di Monaco, 1985–90

Extension of the Munich Oberfinanzdirektion, 1985–90

Vista dell'edificio da Barerstraße.
Nella pagina a fianco: vista dell'edificio da Karlstraße.

View of the building from Barerstraße.
Opposite page: view of the building from Karlstraße.

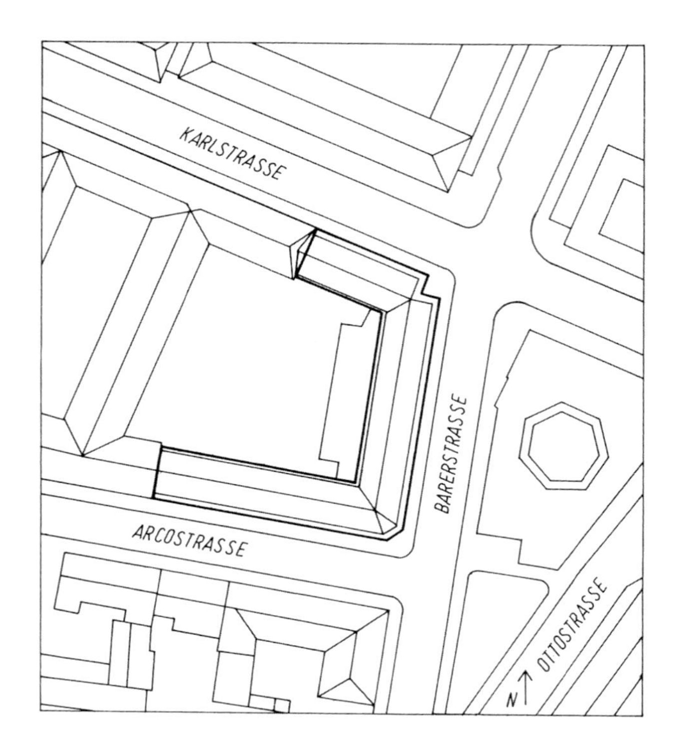

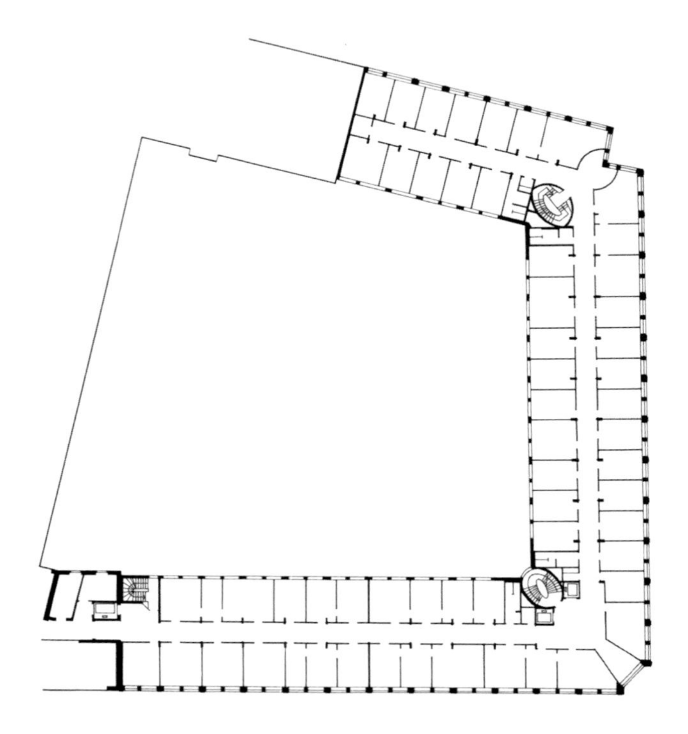

A sinistra: planimetria. A destra: pianta (piano tipo).
Left: site plan. Right: floor plan (typical floor).

La pianificazione per l'ampliamento dell'Oberfinanzdirektion (Dipartimento delle Finanze) di Monaco di Baviera ha avuto una lunga storia per noi come architetti. Nel semestre estivo del 1961 noi (Heinz e Christoph) eravamo studenti della Technische Hochschule di Monaco di Baviera. Indipendentemente l'uno dall'altro, entrambi abbiamo scelto come nostro progetto semestrale la stessa attività stabilita dal professor Hassenpflug. Il tema era: "Progettazione di un edificio per uffici sulla proprietà tra Karl-, Barer- e Arcostraße a Monaco di Baviera".

Ancora oggi è interessante in questo contesto che tutti e due, in contrasto con la tendenza dei tempi, proponemmo un blocco perimetrale chiuso. Al momento era di gran moda un approccio più aperto alla costruzione, l'idea di ottenere un accento all'interno del paesaggio urbano attraverso dominanti - e queste erano edifici alti, che arrivavano fino al livello di grattacieli.

Anche le idee di pianificazione ufficiali per il sito dell'Oberfinanzdirektion si stavano muovendo in quella direzione, all'epoca. Il nostro professore non pensava molto bene dei nostri due progetti. Sotto questa luce, il verdetto della giuria al concorso del 1985 ci offrì un certo grado di soddisfazione in ritardo.

Il verbale ha affermato: "L'edificio guarda allo spazio urbano esistente con molta attenzione". Un isolato che si sviluppa lungo il perimetro ha le sue leggi e le esigenze. Una di queste è che l'architetto è costretto ad operare all'interno di una struttura predeterminata. Eravamo abbastanza a nostro agio con questi vincoli. L'esperienza ci insegna che le condizioni restrittive imposte dagli standard urbanistici non necessariamente limitano l'immaginazione, ma possono anche stimolarla.

L'edificio è sostenuto da uno scheletro di cemento armato. Le facciate degli edifici sulla strada sono rivestite in terracotta, mentre le facciate sul cortile sono intonacate. Questa differenziazione tra interno ed esterno si confà al classico isolato del centro urbano. L'architettura nel cortile interno si esprime, nel confronto, in maniera modesta: il verde dovrebbe dominare ed è previsto che edera e vite selvatica tessano le facciate. Ma in relazione allo spazio comune, sul lato della strada, l'edificio mostra la sua finalità pubblica attraverso l'articolazione architettonica e la raffinatezza dei dettagli, così come mediante la scelta di materiali sofisticati. L'uso della terracotta come materiale di rivestimento per le facciate di importanti edifici pubblici (come il Maximilianeum) è comune a Monaco a partire

A sinistra: veduta prospettica dell'angolo dell'edificio all'incrocio di Karland Barerstraße.
A destra: dettaglio dell'angolo.

Left: perspective view of the building corner at the crossing of Karland Barerstraße.
Right: corner detail.

Planning for the extension to the Munich Oberfinanzdirektion (Finance Department) had a long previous history for us as architects. In the summer term of 1961 we (Heinz and Christoph) were students at the Technische Hochschule in Munich. Independently of each other, we both chose the same task set by Professor Hassenpflug as our term design. The subject was: "Design ingan office building for the area between Karl-, Bar er- and Arcostraße area in Munich".

It is still interesting in this context to day that both of us, contrary to the trend of the times, proposed a closed block-periphery development. A more open approach to building was all the rage at the time, the idea of gaining emphasis within the cityscape through dominants – and these were tall buildings, going right up to skyscrap er level.

Even official planning ideas for the Oberfinanzdirektion site were moving in this direction at the time. Our professor did not think very much of our two designs. Seen in this light, the jury's decision in the 1985 competition afforded us a degree of late satisfaction.

The report said: "The building addresses the existing urban space very carefully". A block-periphery development has its own laws and requirements. One of them is that the architect is compelled to operate within a prescribed frame work. We were quite comfortable with these constraints. Our experience suggested that restrictive conditions imposed by urban-development requirements do not necessarily restrict the imagination, they can inspire it.

The building is supported by a skeleton of reinforced concrete. The street façades are clad in terra-cotta, but the courtyard façades are rendered. This differentiation between interior and exterior fits in with the classical innercity block. The architecture in the inner courtyard expresses itself comparatively modestly. Green is intended to dominate, and the plan is for ivy and wild vines to cover the façades. But in relation to the public space, on the street side, the building shows its public purpose through its architectectural articulation and refinement of detail, as well as by the choice of prestigious materials. Terra-cotta as a façade material for important public buildings has been familiar in Munich (e.g. the Maximilianeum) since the 19th century. As well as its enduring qualities, we architects were pleased above all with the material's complex, iridescent luminosity.

The architectural structure of the street façades is directed at the classical orders. The ground and first floors

In alto: vista nella corte con una scultura di Herbert Peters.
In basso: Caffeteria.

Top: view into the courtyard with a sculpture by Herbert Peters.
Bottom: Cafeteria.

dal diciannovesimo secolo. Oltre alle sue qualità di resistenza, noi architetti abbiamo apprezzato soprattutto la luminosità complessa e cangiante del materiale.

La struttura architettonica delle facciate sulla strada si basa sugli ordini classici. Il piano terra e il primo piano formano un'unità su di una base di granito. Tre piani normali si appoggiano sopra di questi. La conclusione superiore è formata da un tetto sporgente su cassettoni di acciaio sopra un piano attico. Cornici orizzontali e profili verticali influenzano e regolano la qualità della luce sulla facciata, e i singoli elementi architettonici enfatizzano la loro importanza in maniera appropriata secondo un ordine gerarchico. Il fatto che abbiamo prestabilito situazioni spaziali per il lavoro di singoli artisti è in sintonia con la nostra visione di "arte nella costruzione". I risultati mostrano che in questo modo abbiamo aiutato gli artisti, piuttosto che limitarli.

Vista dell'edificio dall'incrocio fra Arco- e Barerstraße.
View of the building from the crossing of Arco- and Barerstraße.

form a unit above a granite base. Three normal storeys sit on top of these. The upper conclusion is formed by a roof protruding on steel coffers above an attic storey. Horizontal cornices and vertical profiling influence and regulate the quality of light on the façade, and individual architectural elements emphasize their importance appropriately in a hierarchical order. The fact that we prescribed spatial situations for the individual artists' work fits in with our view of "art in building". The results show that we helped the artists by doing this, rath er than restricting them.

Edificio residenziale al 59 di Kurfürstenstraße
Tiergarten, Berlino, 1982–87

Residential building at 59 Kurfürstenstraße
Berlin – Tiergarten, 1982-87

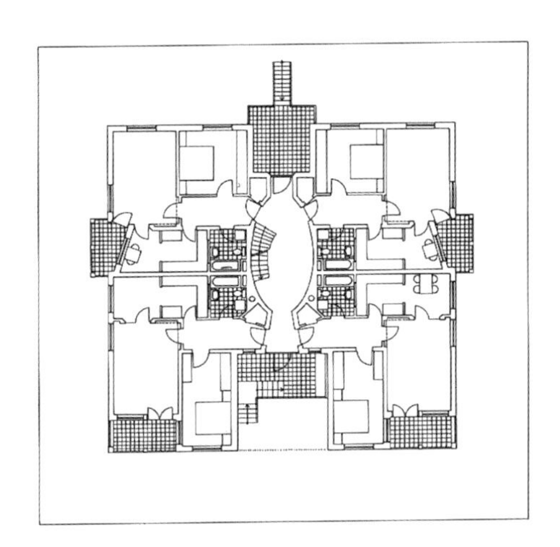

Dall'alto: pianta del piano terra; vista dalla strada.
Nella pagina a fianco: vista da nordovest.

From top: ground floor plan, view of from the street.
Opposite page: view of from northwest.

Il sito si trova tra la vecchia villa di Henni Porten (una star del cinema degli anni Venti) – ora Café Einstein – e la parete di fondo di un isolato adiacente. Uno studio messo a punto con Ante Josip von Kostelac ha portato all'idea di accostarsi al muro di fondo con un condominio di sei piani e di svilupparsi nella proprietà centrale con un condominio indipendente che rievoca la tipologia di villa Porten.

Il vero problema stava nell'adeguare la struttura abitativa necessaria – 16 alloggi di edilizia popolare - allo splendido edificio vicino, in termini di misura, proporzione e espressione.

Una piccola sala d'ingresso aperta, uno spazio semi-pubblico tra l'edificio e la strada, conduce al giardino tramite una scala ovale. Abbiamo ripreso questa idea dall'acquerello di Schinkel per il vestibolo d'ingresso di palazzo Charlottenhof.

Questo edificio ha vinto il premio della critica tedesca nel 1990 (Deutscher Kritikerpreis).

The site lays between the former villa of Henni Porten (a movie star in the 1920ies) – now Café Einstein – and the end wall of an adjacent block. A study devised with Ante Josip von Kostelac came up with the idea of putting s six-storey block of flats next to the wall and devolping the plot in between with a free-standing block of flats echoing the Porten villa type.

The actual problem lay in adjusting the accommodation needed – 16 social housing dwellings – to the splendid neighboring building in terms of scale, proportion and expression.

A small open entrance hall, a semipublic space between the building and the street, leads into the garden via an oval stairwell. We got this idea from Schinkel's water-colour of the entrance vestibule in Schloß Charlottenhof.

This building won the German critic's prize in 1990 (Deutscher Kritikerpreis).

In alto: dettaglio del tetto. In basso: dettaglio della base.
Nella pagina a fianco: vista prospettica.

Top: Detail of the roof. Bottom: detail of base.
Opposite page: perspective view.

Edifici per uffici, Karl-Scharnagl-Ring
Monaco, 1999-2003

Office buildings, Karl-Scharnagl-Ring
Munich, 1999-2003

Prospettiva di entrambi gli edifici da Karl Scharnagl-Ring.
Nella pagina a fianco: vista dell'edificio a torre da Karl Scharnagl-Ring.

Perspective of both buildings from Karl Scharnagl-Ring.
Opposite page: view of the tower building from Karl Scharnagl-Ring.

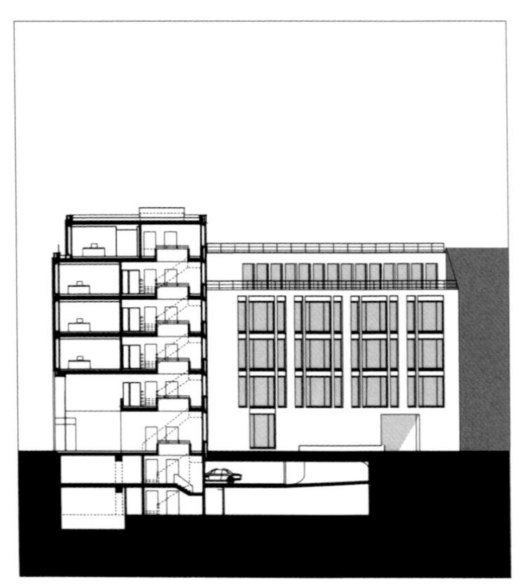

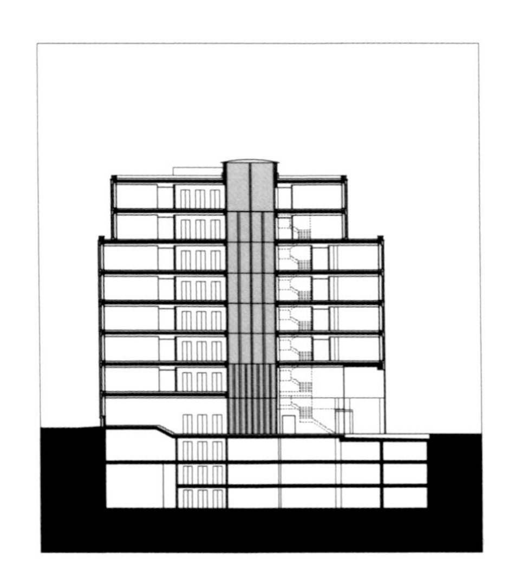

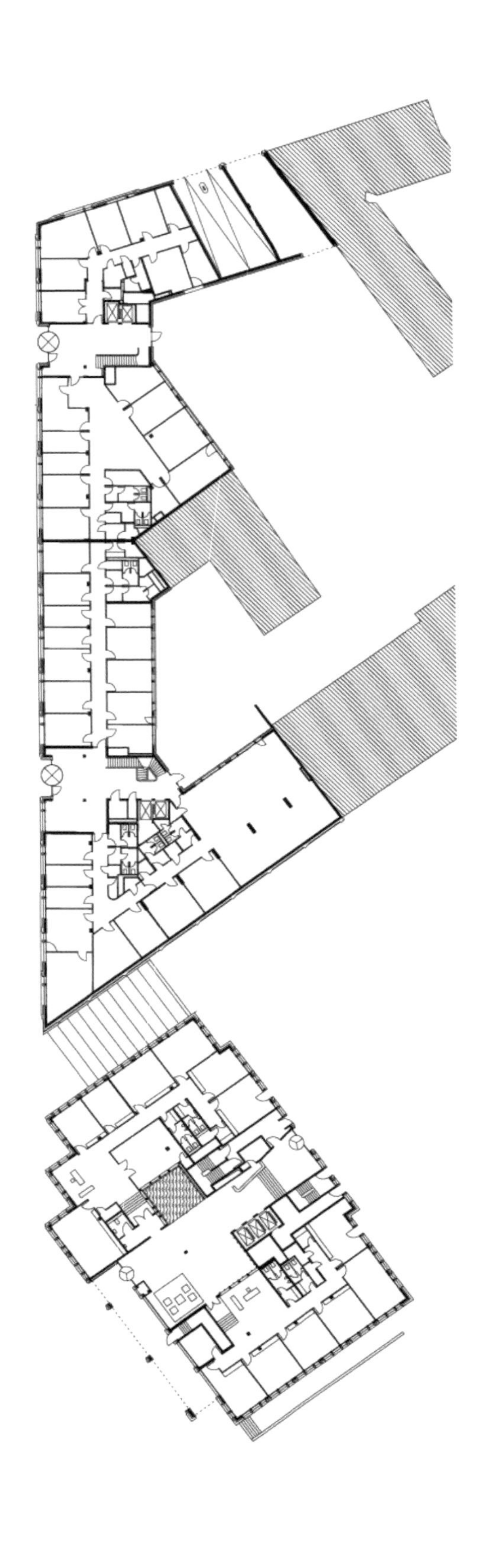

A sinistra dall'alto: planimetria; sezioni. A destra: pianta (piano terra).
Left from top: site plan; Sections. Right: floor plan (ground floor).

Vista dell'edificio a sei piani da Karl-Scharnagl-Ring.
View of the six-storey building from Karl-Scharnagl-Ring.

L'espansione del Karl-Scharnagl-Ring di fronte alla Cancelleria di Stato Bavarese, quasi una piazza nel carattere, riceve un limite a sud mediante una torre di otto piani. Un secondo edificio per uffici delimita lo spazio della strada che prosegue la circonvallazione attorno alla parte vecchia della città, in direzione sud. Il complesso può quindi essere considerato un contributo al tema dell'"architettura urbana".

L'edificio a torre di otto piani ha un arretramento delle facciate al di sopra del quinto piano, che permette a tutti e quattro i lati dell'edificio di avere superfici terrazzate di diversa profondità. La concisione dell'edificio è accentuata sul suo ingresso nord, alto due piani, che conduce nel cortile interno coperto, di otto livelli. Questo cortile permette a tutti coloro che fanno uso dell'edificio di partecipare all'effetto spaziale che si crea.

L'altro edificio di sei piani, circa 100 m in lunghezza, si distribuisce su cinque piani, in accordo alle condizioni strutturali esistenti nella strada laterale adiacente. Due ingressi separati conferiscono all'edificio la flessibilità

The expansion of the Karl-Scharnagl-Ring in front of the Bavarian State Chancellery, square-like in character, recieves a southern boundary through an eightstoryed tower. A second office building borders the street space that continues the ring road around the old part of the city in a southern direction. The ensemble can thereby be understood as making a contribution to the theme of "urban architecture".

The eight-storeyed tower building has a set-back on the facades above the fifth storey. All four sides of the building will have terraced surfaces of varying depths. The building's succinctness is heightened by its northern, two-storeyed entrance that leads into the covered inner courtyard of eight storeys. This courtyard allows everyone who makes use of the building to participate in the spatial impression that it makes.

The other six-storey building, c. 100 m in length, is staggered over five storeys according to the existing structural conditions in the adjoining side street. Two separate entrances give the building the necessary flexibility.

Vista dell'edificio a sei piani da Karl-Scharnagl-Ring.
Nella pagina a fianco: vista dell'edificio a sei piani da Herzog-Rudolf-Strasse.
View of the six-storey building from Karl-Scharnagl-Ring.
Opposite page: view af the six-storey building from Herzog-Rudolf-Strasse.

necessaria. Entrambi gli edifici sono rivestiti in terracotta, come nel caso del Maximilaneum, il Bayerische Landtag (parlamento bavarese), che tutt'ora produce un effetto sull'estremità di Maximilianstraße. Nonostante l'alta percentuale di vetro, entrambi gli edifici esibiscono la loro massa architettonica e sono volutamente in contrasto con la vicina architettura in metallo e vetro. I sostegni dell'edificio più basso sono inusuali nell'asimmetria dei loro profili. Nell'edificio a torre dominano gli angoli morbidi e arrotondati, mentre l'edificio meno alto ha profili con angoli vivi. I due edifici presentano raffinate differenze strutturali.

Finestre a doppio strato, metallo all'esterno e legno all'interno, garantiscono l'attenuazione del rumore esterno, oltre a permettere un utilizzo ottimale dell'energia. Uno schermo solare traslucido risiede nello spazio tra i due strati.

Gruppo di progettazione: Winter Christian insieme a Nina Otto, Jan Pautzke e Alexandra Stepanienko.

Both of the buildings are clad in terracotta facing, as is the case with the Maximilaneum, the Bayerische Landtag (Bavarian state parliament), that still has an effect on the bordering Maximilianstraße. Despite their high proportion of glass, both buildings exhibit architectonic mass and are in conscious contrast to the neighbouring glass and metal cladding architecture. The supports of the lower building are unusual in the asymmetry of their profiles. In the tower building soft, rounded corners dominate, while the flatter building has profiles with sharp angles. The two buildings exhibit refined structural differences.

Double-layer windows, metal on the outside and wooden on the inside, ensure noise reduction as well as allowing for the optimum use of energy. A translucent sun screen lies in the space between the two layers.

Design team: Christian Winter together with Nina Otto, Jan Pautzke and Alexandra Stepanienko.

In alto: vista nel passaggio tra gli edifici. In basso: viste di dettaglio dell'edificio a torre.
Nella pagina a fianco: atrio (in alto); scale (in basso).

Top: view into the passageway between the buildings. Bottom: detail views of the tower of the building.
Opposite page: lobby (top); staircase (bottom).

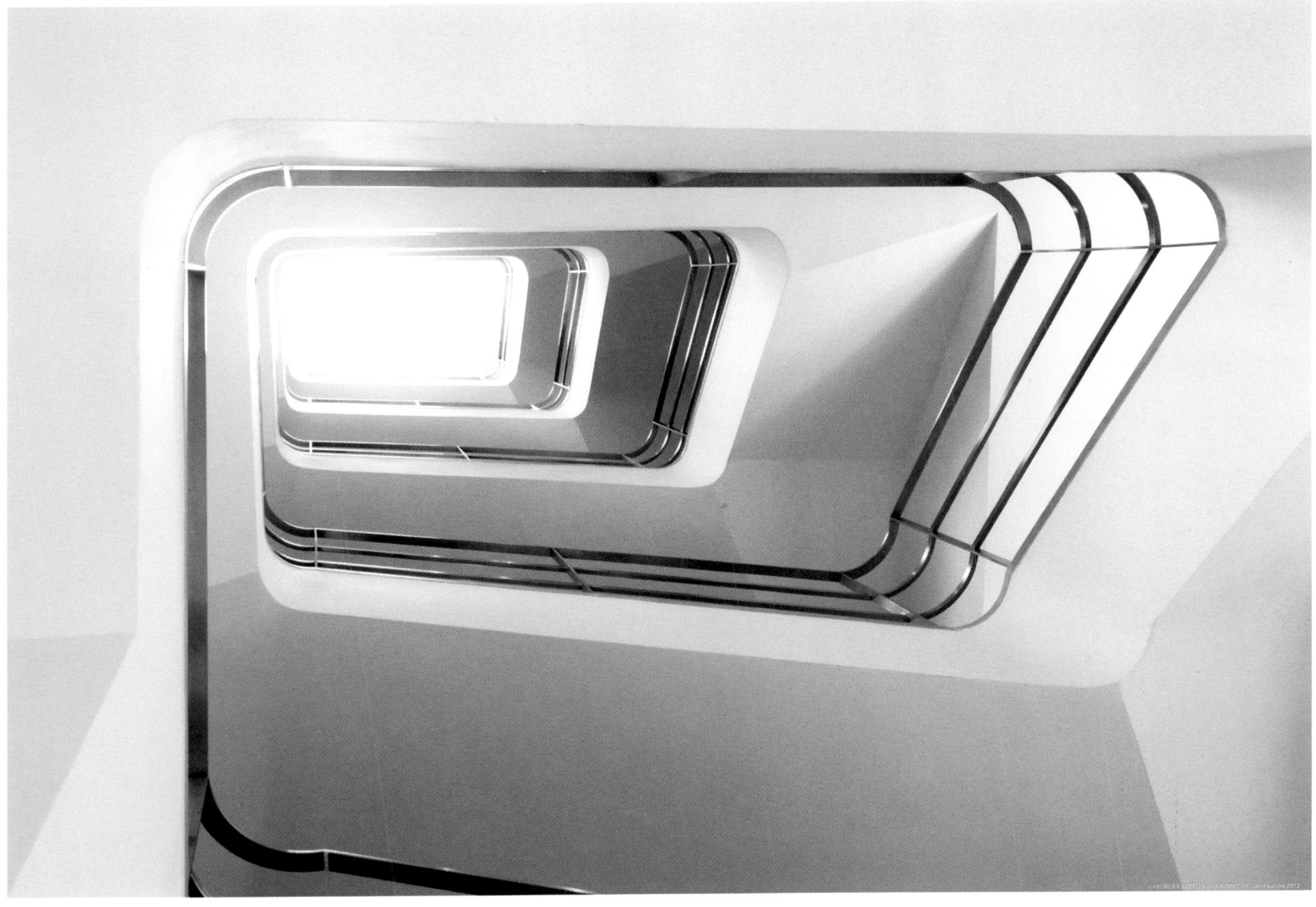

EINSTEIN HOTEL
RESTAURANT-BAR

Centro per conferenze Einstein Congress
San Gallo, 2001–09

Einstein Congress Conference Centre
St. Gallen, 2001–09

Schizzo prospettico, vista da Berneggerstraße.
Nella pagina a fianco: vista da Klosterwall con l'Hotel Einstein (a sinistra) e l'Einstein Congress (a destra).

Perspective sketch, view from Berneggerstraße.
Opposite page: view from Klosterwall with the Einstein Hotel (left) and Einstein Congress (right).

Vista da Berneggerstraße.
View from Berneggerstraße.

L'edificio Einstein Congress si trova nel quartiere del monastero di San Gallo, nel centro della città, vicino alla famosa abbazia. Volendo ampliare i servizi dell'hotel con un centro per le conferenze d'arte, la struttura è in stretta relazione sia spaziale che funzionale con l'Hotel Einstein. Le curve del nuovo edificio danno luogo ad una fitta sequenza di vicoli e piazze, e riflettono il senso dello spazio e le proporzioni della città circostante. Il Centro si compone di due parti, la cui moderna composizione verticale in facciata ricorda le strutture architettoniche degli edifici dei centri storici a cavallo tra il diciannovesimo e il ventesimo secolo. Attraverso l'ulteriore sviluppo di approcci già esistenti, questo progetto mirava a costruire un edificio che mostrasse la sua totale novità solo al secondo sguardo.

La parte che ospita il centro congressi con il suo foyer aperto, fluido nelle forme, suddiviso su due piani, si affaccia sul piazzale dell'hotel e sul quartiere attorno all'abbazia. Il foyer ospita una scala simile a una torre che collega le sale dei congressi e dei seminari. La forma curva della torre riflette raccordi angolari simili che si trovano nel centro storico di San Gallo e fa riferimento alla storica "Torre Verde", che si erigeva qui tra il diciassettesimo e il diciannovesimo secolo come parte delle fortificazioni della città. Il risultato è una forma caratterizzante per uno scopo del tutto nuovo, soprattutto se l'edificio viene visto da Oberer Graben, da cui la maggior parte degli ospiti arrivano a piedi o in auto. Dall'interno del foyer, la sagoma della torre facilita la visione di questo splendido spazio urbano leggermente arrotondato che, inaspettatamente, include anche giardini.

Vista da Oberer Graben.
View from Oberer Graben.

The Einstein Congress building is in St. Gallen's Klosterviertel, in the city centre close to the famous abbey. Extending the hotel's services with a state of the art conference centre, it is linked both spatially and functionally to Hotel Einstein. The curves of the new building give rise to a dense sequence of alleyways and squares, and reflect the spatial ambience and proportions of the surrounding city. It consists of two sections, whose modern vertical façade structure reiterates the architectural structures of the inner-city buildings dating from the turn of the 19th to the 20th century. By further developing existing approaches, this design aimed to construct a building which only exhibits its total newness at second glance.

The congress centre section with its open, flowing, partly two-storey foyer zones, faces in the direction of the hotel forecourt and the district around the abbey. It has a tower-like staircase which links the congress and seminar areas. The rounded tower shape reflects similar corner formations in the inner city of St. Gallen and refers to the historical »Green Tower«, which stood here from the 17th to the 19th century as part of the city's fortifications. The result is a characteristic form of building for a totally new purpose, especially when seen from Oberer Graben, by way of which most guests arrive either on foot or by car. From inside the foyer, the tower shape facilitates a view of this wonderful, slightly-rounded urban space, which, unexpectedly, also includes gardens.

Facciata su Wassergasse.
Nella pagina a fianco: la scala nella "torre verde" con una balaustra in lamiera d'acciaio tagliata a laser.

Façade Wassergasse.
Opposite page: The staircase in the "green tower" with a laser cut steel-plate balustrade.

3.OG
GALERIE

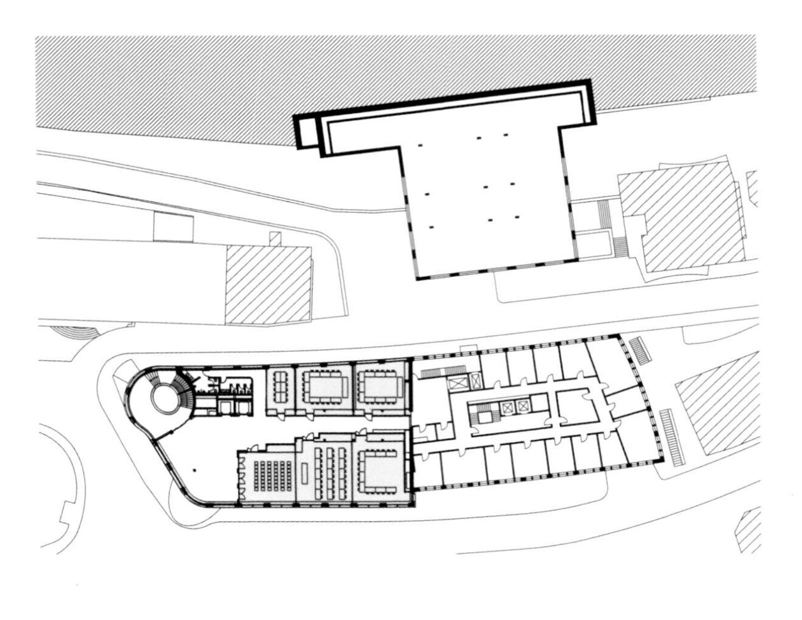

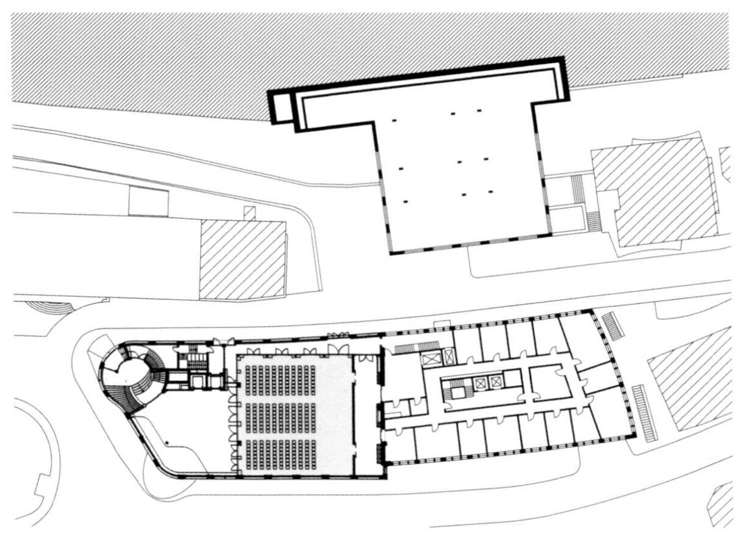

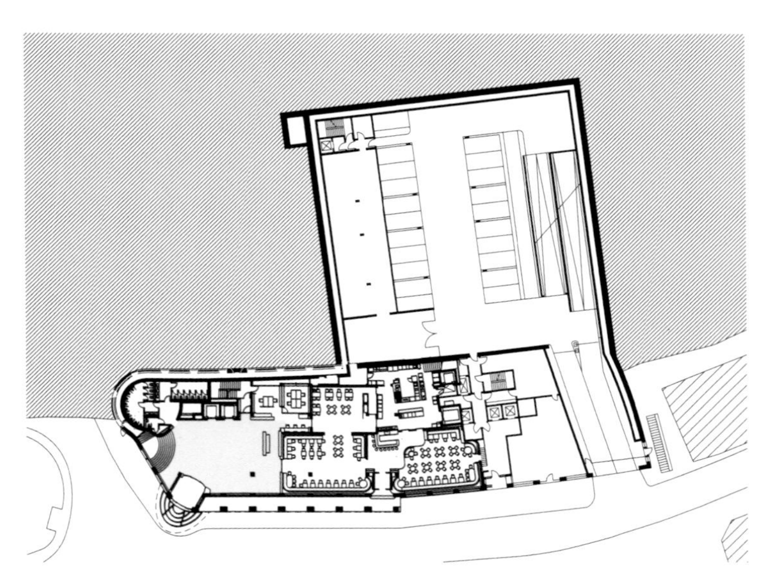

Dal basso in alto: piante che mostrano il piano terra, il primo piano, il terzo piano.
Nella pagina opposta dall'alto: vista di St. Gallen con la famosa abbazia e la biblioteca dal quarto piano; il foyer della sala per banchetti al primo piano.
A pagina 148: la sala per banchetti al primo piano. A pagina 149: porte sul foyer.

From bottom to top: floor plans showing ground floor, first floor, third floor.
Opposite page from top: view of St. Gallen with the famous abbey and library from the fourth floor; the banquet hall foyer on the first floor.
On page 148: the banquet hall on the first floor. On page 149: doors to the foyer.

Edificio residenziale, Diplomatenpark Berlin-Tiergarten, 2008–09

Residential Building, Diplomatenpark Berlin-Tiergarten, 2008–09

Planimetria: 1 Rauchstraße IBA 1986, 2 Tiergartendreieck 1999, 3 Köbisdreieck 2005, 4 Diplomatenpark 2009.
Nella pagina a fianco: prospettiva notturna di Jan Pautzke.

Site plan: 1 Rauchstraße IBA 1986, 2 Tiergartendreieck 1999, 3 Köbisdreieck 2005, 4 Diplomatenpark 2009.
Opposite page: nocturnal perspective by Jan Pautzke.

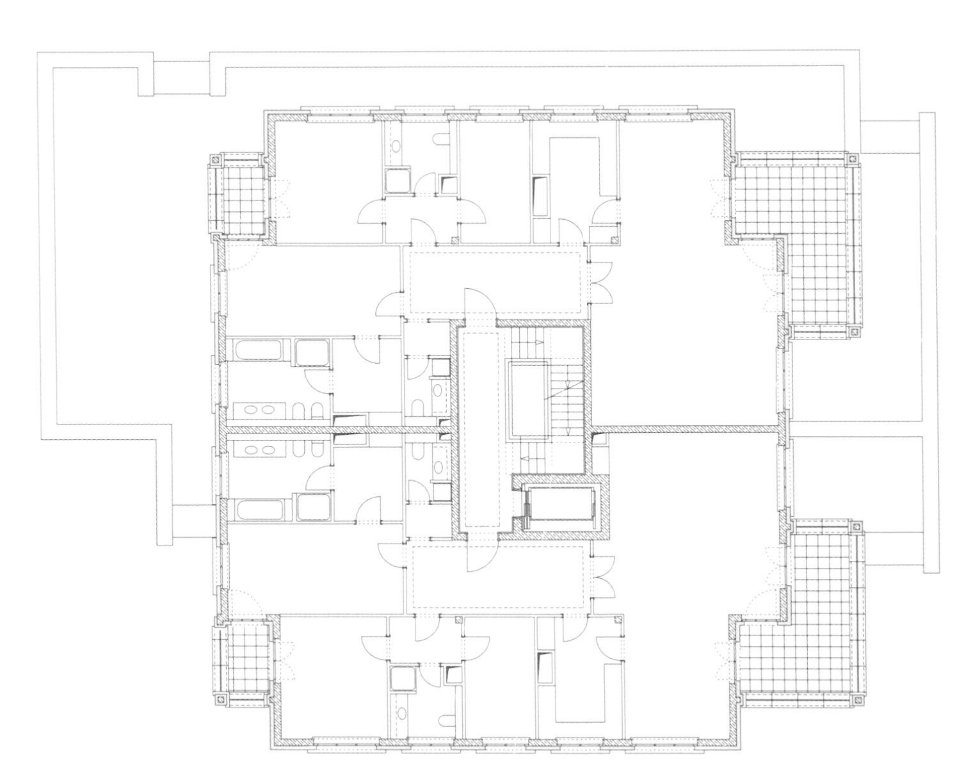

A sinistra: Ludwig Wittgenstein, Casa Stonborough-Wittgenstein, Kundmanngasse, Vienna, 1926–28.
A destra: pianta piano tipo.
Nella pagina a fianco: vista da ovest.

Left: Ludwig Wittgenstein, Haus Stonborough-Wittgenstein, Kundmanngasse, Vienna. 1926–28.
Right: standard floor plan.
Opposite page: view from the west.

Nel diciannovesimo secolo, l'area delle dieci ville nel Diplomatenpark era considerata uno dei più bei quartieri residenziali di Berlino. La vicinanza sia agli edifici governativi sia al Tiergarten contribuì all'attrattiva della zona. Tra la metà del diciannovesimo secolo e la prima guerra mondiale, ville isolate o sontuosi palazzi con muri adiacenti sono stati costruiti su questo sito - in termini tipologici, ogni famiglia era identificabile con il proprio edificio.

Il piano urbanistico ideato da Klaus Theo Brenner nel 2007 divide il tessuto urbano all'incirca nel mezzo con una strada sull'asse nord-sud. Sei abitazioni sono disposte a debita distanza su ogni lato in modo da formare un insieme elegante. Le strutture, a quattro livelli, hanno due appartamenti per ogni piano e un piano finale arretrato, cosicché ogni edificio comprende da nove a dieci unità abitative di dimensioni variabili tra i 65 e i 200 metri quadrati.

Il nostro progetto rende omaggio al grande filosofo e architetto viennese Ludwig Wittgenstein, il quale ha conquistato un posto nella storia dell'architettura grazie ad una sola casa, che è stata costruita per la sorella Margarethe Stonborough a Vienna tra il 1926 e il 1928. Seguendo l'esempio di Wittgenstein, i dettagli architettonici di quest'edificio sono ridotti al minimo ed essenziali: una modanatura a linee orizzontali sullo zoccolo del piano terra e strombature delle finestre finemente scalinate. Questa autolimitazione pone il completo accento visivo sulle proporzioni dell'edificio.

In the nineteenth century, the site of the ten Diplomatenpark villas was regarded as one of Berlin's finest residential districts. Both the proximity of government buildings and the neighbouring Tiergarten contributed to the area's attractiveness. Between the mid 19th century and the World War I, detached villas or palatial townhouses with adjacent firewalls were built on this site – in typological terms, each household had its own recognisable edifice.

The urban plan conceived by Klaus Theo Brenner in 2007 divides the plot roughly down the middle with a street on a north-south axis. Five houses are generously spaced on each side to form an elegant group. The four-storey structures have two apartments on each floor and a stepped-back final storey, so that each building comprises nine to ten residential units ranging in size from 65 to 200 square metres.

Our design pays homage to the great Viennese philosopher and architect Ludwig Wittgenstein, who achieved a place in architectural history with just one house, which was built for his sister Margarethe Stonborough in Vienna between 1926 and 1928. Following Wittgenstein's example, our building's architectural details are sparing and minimalist: linear horizontal moulding on the base of the ground floor and finely stepped window reveals. This self-imposed restriction puts the full visual focus on the proportions of the building.

The typology of a distinguished residence is emphasised by the two-storey natural stone frame around the entrance

A sinistra: l'ingresso. A destra: dettaglio della parte inferiore, fatta di intonaco con incisioni orizzontali.
Left: the entrance. Right: detail of the bottom, made in plaster with horizontal engraving.

Il carattere di residenza illustre è enfatizzato dalla cornice in pietra naturale alta due piani, attorno all'ingresso, dalle ampie dimensioni delle finestre e dalla grande quantità di logge, balconi e terrazze.

L'approccio descritto rispecchia il nostro credo: come architetti progettisti, riteniamo che è infinitamente difficile inventare forme completamente nuove – di conseguenza, il nostro obiettivo è quello di adattare e perfezionare concetti esistenti già consolidati.

Come in molti dei nostri edifici residenziali, l'ascensore al piano terra è accessibile ai disabili, ma gli appartamenti al piano terra sono rialzati di circa un metro sopra il livello della strada. Di conseguenza, mentre tutti i piani superiori sono raggiungibili senza dover ricorrere ai gradini, il piano terra non lo è. L'impressione iniziale di simmetria del prospetto su strada si rivela, dopo un esame più attento, essere illusoria, in quanto le logge e i balconi rivolti verso il retro della casa hanno una dimensione più generosa sul lato sud.

Direzione del progetto: Peter Westermann.

Facciata a sud.
Façade to south.

and the ample dimensions of the windows and the numerous loggias, balconies and terraces.
The described approach reflects our credo: as designing architects, we hold that it is infinitely difficult to invent completely new forms – hence, it is our aim to adapt and refine existing, proven concepts.
As in many of our residential buildings, the lift on the ground storey is wheelchair accessible, however the ground floor apartments themselves are raised roughly one metre above street level. Consequently, while all of the upper floors are accessible without having to navigate steps, the ground floor is not. The initial impression of symmetry in the street elevation reveals itself, upon closer observation, to be illusory, since the loggias and balconies toward the back of the house are more generously proportioned on the southern side.
Project direction: Peter Westermann.

TRE EDIFICI SPECIALI

THREE SPECIAL BUILDINGS

Gemäldegalerie, Berlin-Tiergarten, 1986–98
Gemäldegalerie, Berlin-Tiergarten, 1986–98

Museo Globushaus, Schloss Gottorf, Schleswig, 2001–04
Globushaus Museum, Schloss Gottorf, Schleswig, 2001–04

Chiesa della Guarnigione - Garnisonkirche
Garrison Church - Garnisonkirche

Gemäldegalerie, Berlin-Tiergarten, 1986–98

Gemäldegalerie, Berlin-Tiergarten, 1986–98

Vista aerea della Gemäldegalerie.
Nella pagina a fianco: scale verso l'ingresso laterale.

Aerial view of the Gemäldegalerie.
Opposite page: stairs to the side entrance.

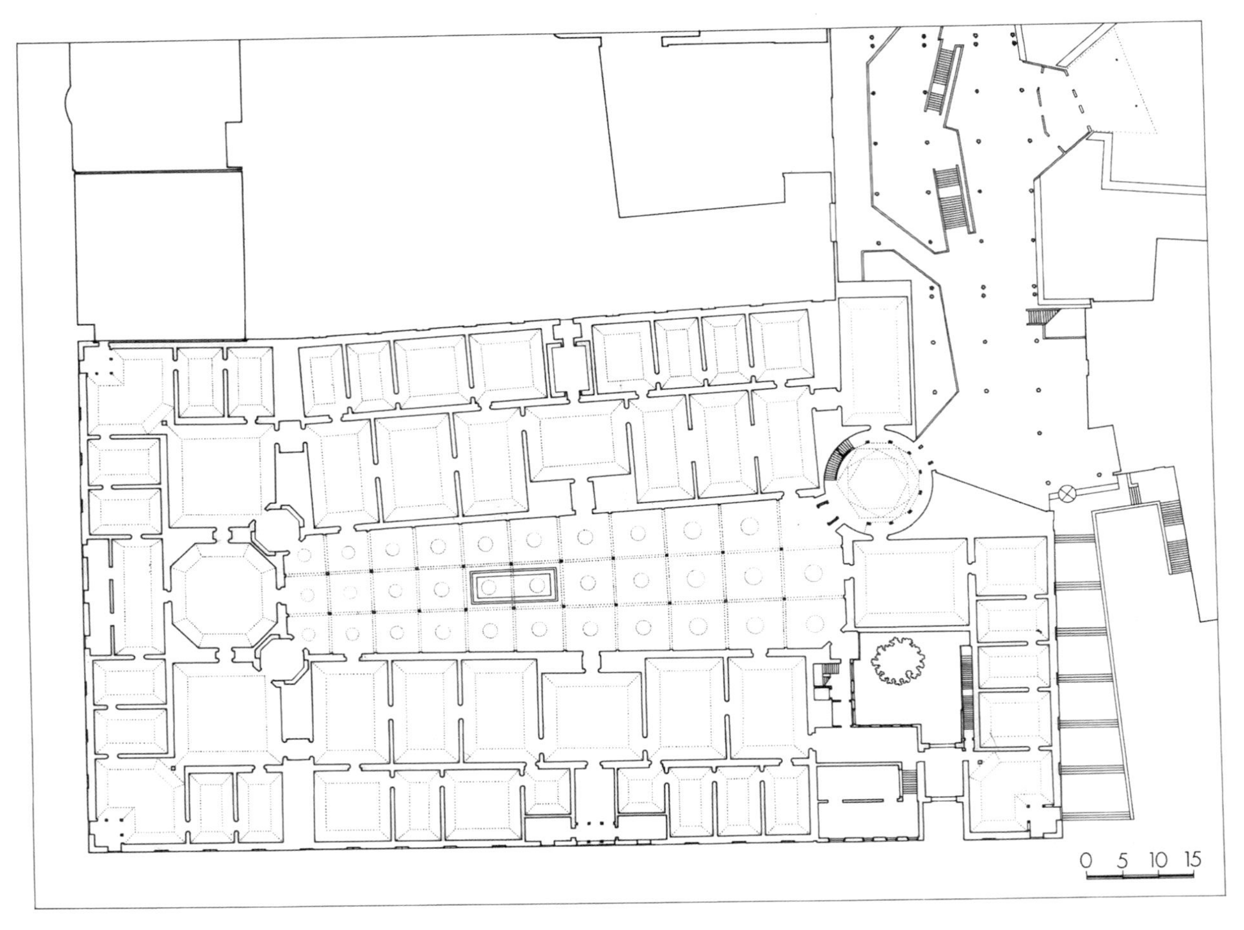

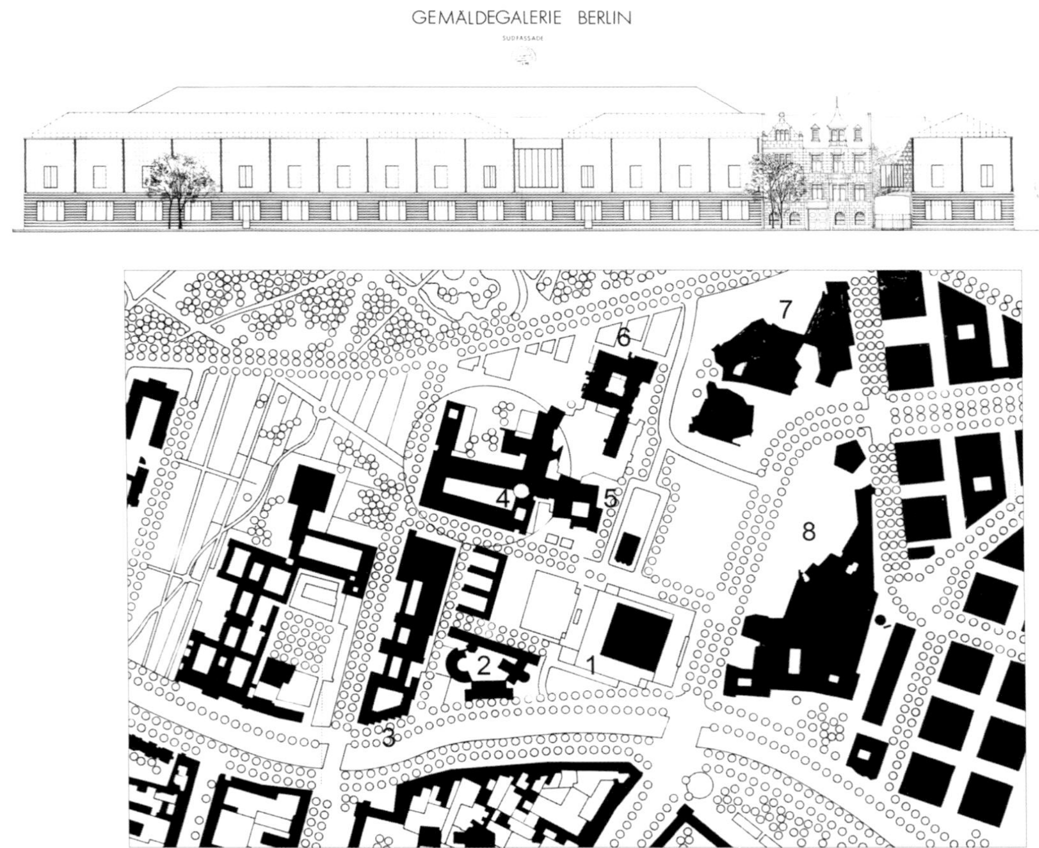

In alto: pianta (piano delle esposizioni); prospetto della facciata su Sigismundstraße, compresa Villa Parey.
In basso: planimetria del Kulturforum. 1 Nationalgalerie, 2 Wissenschaftszentrum, 3 Shell-Haus, 4 Gemäldegalerie, 5 Kupferstichkabinett/Kunstbibliothek, 6 Kunstgewerbemuseum, 7 Philharmonie, 8 Staatsbibliothek.

Top: floor plan (exhibition level); elevation of the façade facing Sigismundstraße with integrated Villa Parey.
Bottom: site plan of the Kulturforum. 1 Nationalgalerie, 2 Wissenschaftszentrum, 3 Shell-Haus, 4 Gemäldegalerie, 5 Kupferstichkabinett/Kunstbibliothek, 6 Kunstgewerbemuseum, 7 Philharmonie, 8 Staatsbibliothek.

Veduta prospettica da Sigismundstraße.
Perspective view from Sigismundstraße.

Il Kulturforum di Berlino si è basato sull'idea di "paesaggio urbano" di Hans Scharoun. Questo è un concetto molto individuale che non può essere portato avanti a piacimento.

Il nostro progetto affronta lo spazio urbano seguendo le antiche direzioni e linee del Tiergarten, che sono anche richiamate nella Matthäikirche e nella National Galerie.

L'accesso dalla preesistente sala centrale di Gutbrod alla nuova Gemäldegalerie avviene tramite una rotonda luminosa, la cui geometria semplice contrasta con l'architettura della sala d'ingresso.

Le gallerie espositive sono raggruppate attorno ad una lunga sala colonnata trapezoidale, l'area di accesso centrale. Le aperture puntuali sul soffitto leggermente voltato creano un forte chiaroscuro in questo spazio, un contrasto riposante con l'illuminazione uniforme delle gallerie espositive, che è prodotta dalla luce naturale, ma ben filtrata, proveniente dal soffitto.

The Kulturforum in Berlin is based on Hans Scharoun's idea of "urban landscape". This is such a highly individual notion that it can not possibly be continued just as people like.

Our design addresses the urban space by following the old directions and lines of the Tiergarten, which are also echoed in the Matthäikirche and the National galerie.

Access from Gutbrod's existing central entrance hall to the new Gemäldegalerie is via a light rotunda, whose simple geometry contrasts with the architecture of the entrance hall.

The exhibition galleries are grouped around a long, trapezium-shaped columned hall, the central access area. Individual openings in the slightly vault ed ceiling-fields create a strong chiaroscuro in this space, a refreshing contrast with the even lighting in the exhibition galleries, which is produced by their natural, but well-filtered toplighting. The

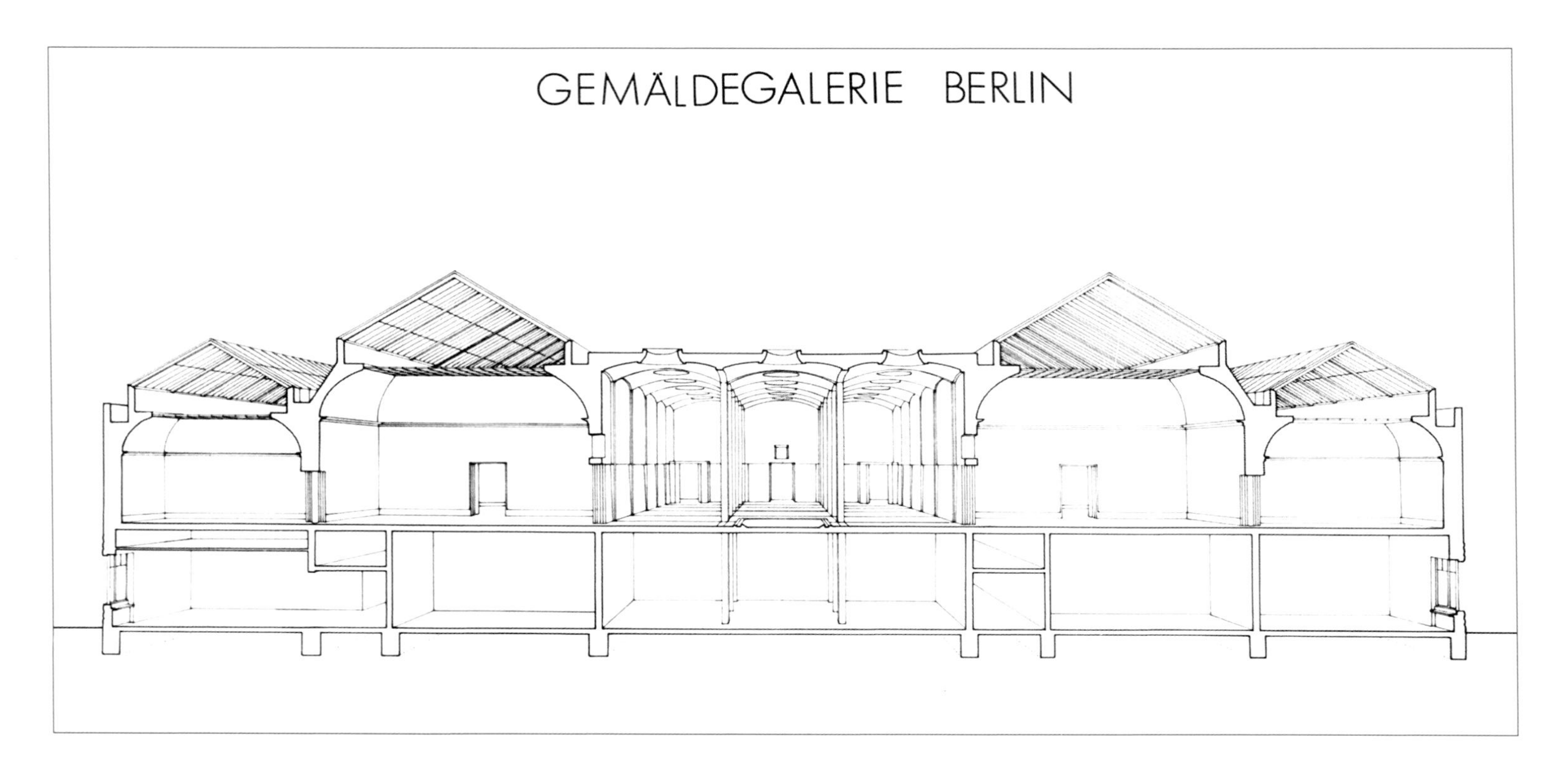

Sezione.
Section.

L'artista americano Walter De Maria ha creato la sua scultura Serie 5-7-9 per la vasca d'acqua al centro della sala colonnata.

Gli spazi espositivi per gli antichi dipinti devono avere la luce dall'alto migliore possibile, e sono tali da consentire esclusivamente ai preziosi oggetti esposti di rendere il loro massimo impatto. Qualsiasi tipo di approccio drammatico allo spazio è evitato, ed è stata creata una serie di sale che trasudano calma e permettono di concentrarsi. Ed è anche per questo motivo che le gallerie sono disposte su un unico livello, al fine di evitare inutili movimenti su e giù come risultato di artificiosi cambiamenti di livello. È stato previsto che la galleria sia illuminata solo dalla luce del giorno. La luce è immessa attraverso lucernari di grandi dimensioni – spesso diffusa mediante l'impiego di diversi tipi di vetro –, e cade in modo uniforme nelle stanze, ma senza perdere completamente le qualità che la influenzano in termini di orientamento, nuvole o sole.

La sequenza di gallerie espositive sostanzialmente chiuse viene ripetutamente interrotta da gallerie laterali trasparenti che permettono di guardare fuori, attraverso e dentro. Per questo motivo, e perché i visitatori possono costantemente tenere d'occhio la sala colonnata, è sempre possibile trovare il proprio percorso, e ogni senso di labirinto è interdetto. Le aperture diagonali, che concedono una vista attraverso le gallerie d'angolo, sono lì per lo stesso scopo.

Inoltre, le diagonali consentono di vedere all'esterno la Stauffenbergstraße, la Sigismundstraße e la Hitzigallee.

Vista attraverso la sezione del barocco.
View through the baroque section.

American artist Walter De Maria created his 5-7-9 Series sculpture for the pool in the centre of the columned hall.

Exhibition galleries for old pictures must have the best possible toplighting, and are there exclusively to allow the valuable exhibits to make their maximum impact. Any sort of dramatic approach to the space is avoided, and a series of rooms is creat ed that exude calm and make it possible to concentrate. And it is also for this reason that the galleries are arranged on one level, to avoid un necessary movement up and down as a result of artificially created changes of level. The gallery is planned to be lit only by day light. Light is ad mitted through large sky lights – often diffused by the use of different kinds of glass –, and falls evenly into the rooms, but with out completely losing the qualities affecting the light in terms of direction, clouds or sun.

The sequence of essentially closed exhibition galleries is repeatedly interrupted by transparent lateral galleries making it possible to look out, along and in. Because of this, and because visitors can always see into the columned hall, it is always possible to find one's way, and any sense of a labyrinth is avoided. The diagonal openings giving a view through the corner galleries are there for the same purpose.

Additionally, the diagonals make it possible to look out into the open: views of Stauffenbergstraße, Sigismund-straße and Hitzigallee.

Vista di dettaglio della facciata.
Detailed view of the façade.

Rotonda d'ingresso.
Entrance rotunda.

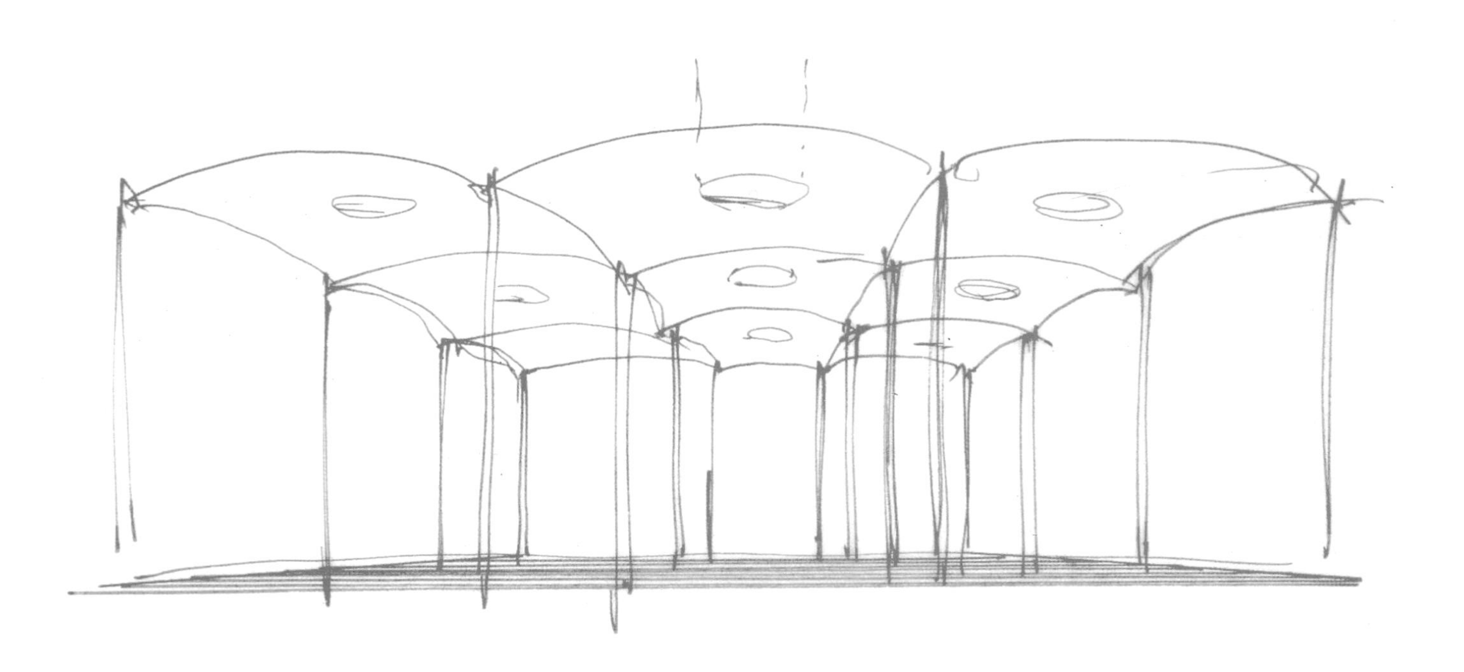

La sala centrale con la scultura Serie 5-7-9 di Walter De Maria.
Nella pagina a fianco in alto: la sala centrale. In basso: schizzo della sala centrale.
The central hall with 5-7-9 Series Sculpture by Walter De Maria.
Opposite page top: the central hall. Bottom: sketch of the central hall.

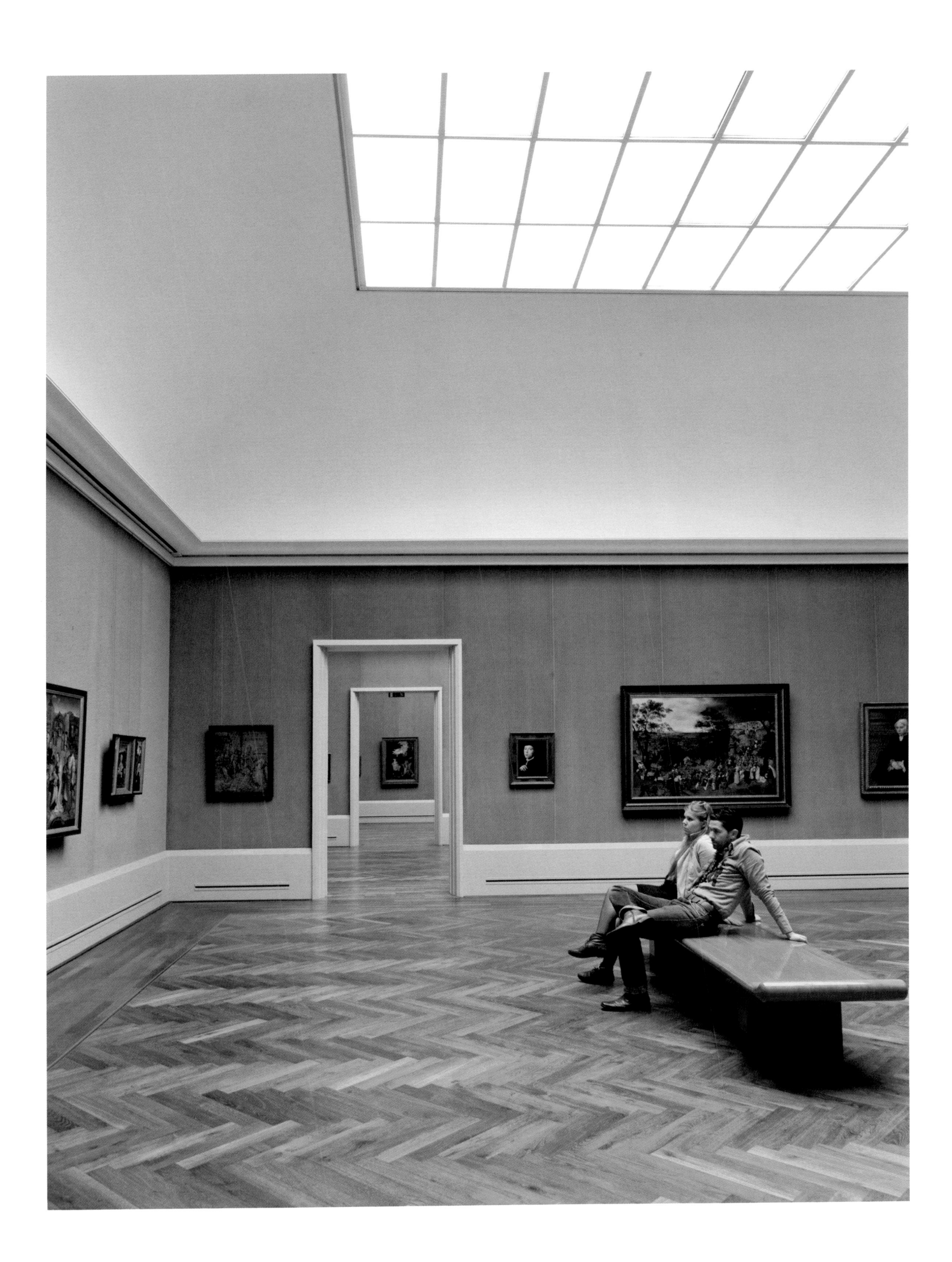

Museo Globushaus, Schloss Gottorf
Schleswig, 2001–04

Globushaus Museum, Schloss Gottorf, Schleswig, 2001–04

Vista aerea del giardino barocco e della Globushaus.
Nella pagina a fianco: vista da sud verso la Globushaus e lo stagno di Ercole.

Aerial view of the Baroque garden and Globushaus.
Opposite page: view from the south to Globushaus and the Hercules pond.

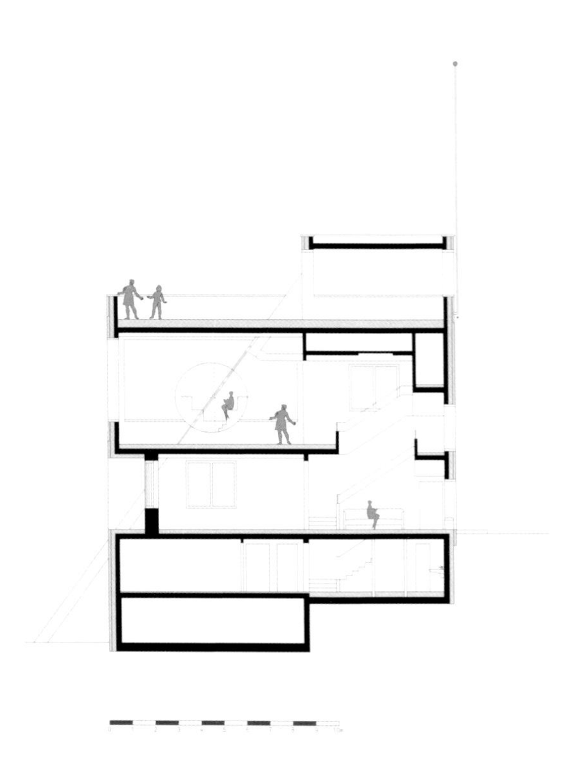

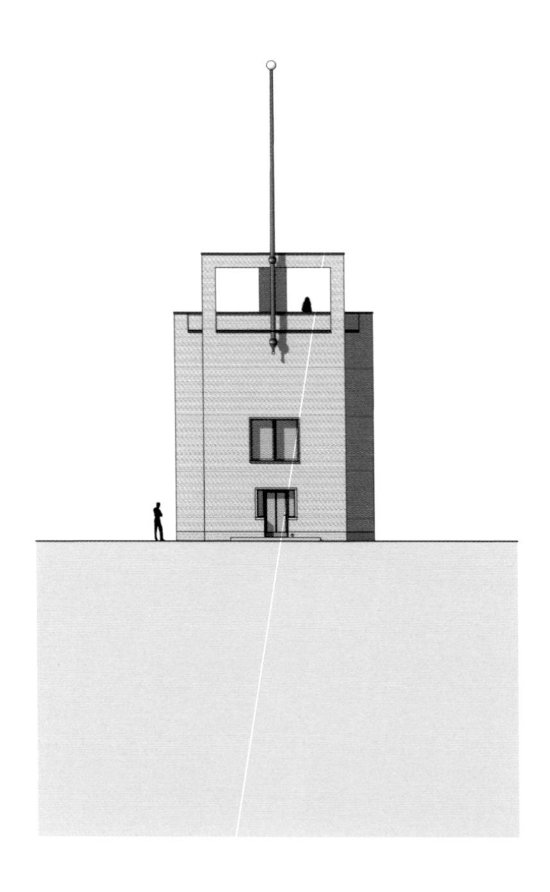

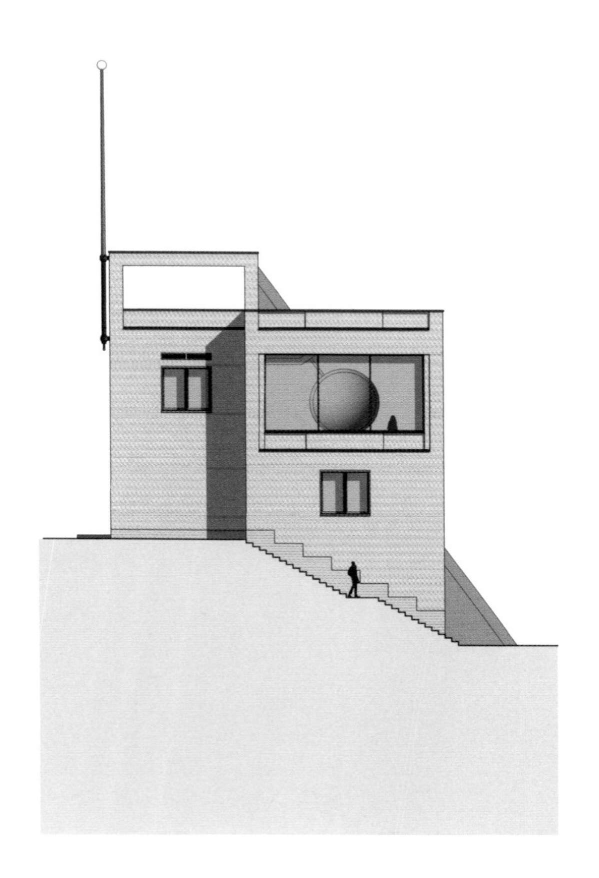

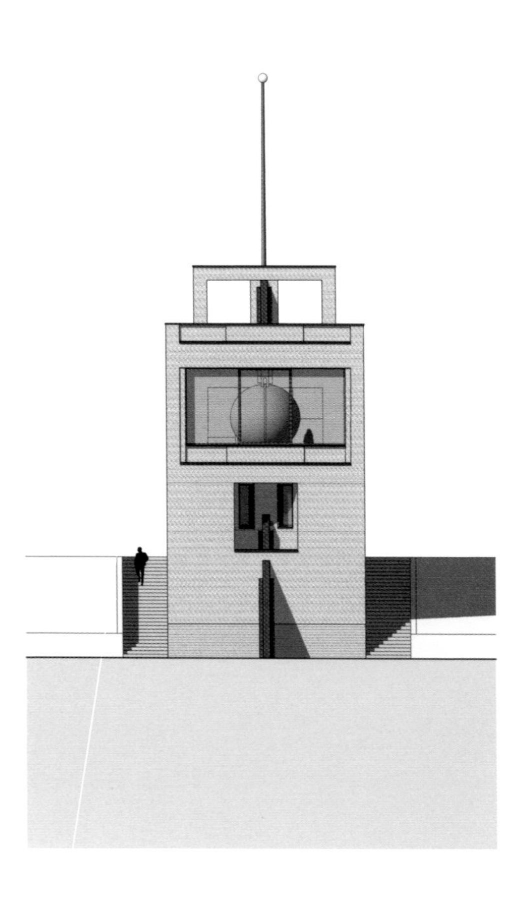

Dall'alto: sezione trasversale, prospetti delle facciate a nord, ovest e sud.
Nella pagina a fianco: vista da nord-est.

From top: cross section, elevations of the facades from the north, the west and the south.
Opposite page: view from north-east.

A partire dal 1637, il duca di Schleswig Federico III costruì in aggiunta alla sua residenza un giardino a terrazze in stile primo barocco. All'interno vi era una casa estiva che rappresentava il culmine del progetto: il cosiddetto globo Gottorf – a quel tempo conosciuto in tutto il mondo – con un diametro di 3,10 m.

All'interno del globo era presente una panca circolare, con posti a sedere per 10 persone: la luce di una candela mostrava i modelli della terra, della luna e del sole, placche dorate formavano le stelle. Era il primo planetario moderno!

Lo zar Pietro il Grande portò questo stesso globo a San Pietroburgo nel 1713, dove si può visitare ancora oggi. In seguito la casa estiva e il giardino furono distrutti, ma nel 2004 è stata completata la ricostruzione della nuova casa, del parco e del globo.

From 1637, the Schleswig Duke Friedrich III, built in addition to his residence a terraced, early baroque garden. There was a summerhouse which was holding its climax inside: the so-called Gottorf globe - at that time known around the world – with a diameter of 3.10 m.

Inside the globe was a circular bench – seating for 10 people: candlelight showed models of the earth, the moon and the sun, gold-plated plates formed the stars. The first modern planetarium!

Tsar Peter the Great took this very globe to St. Petersburg in 1713, where it can be visited still today. Later the summer house and the garden were destroyed, but in 2004 the new house, the reconstructed park and a reconstruction of the globe were completed.

A small museum of only 60 square meters and the globe itself are housed in the tiny building, on its top there is

Spazio espositivo al piano terra.
Ground floor exhibition space.

Un piccolo museo di soli 60 metri quadrati e il globo stesso sono alloggiati nel piccolo edificio, e sulla sua sommità vi è una piccola terrazza che funge da piattaforma panoramica.

Il nostro progetto ha elementi tradizionali e regionali – come un basamento bugnato, cornici delle finestre sagomate in cemento e parapetti in mattoni – non ringhiere in acciaio che lasciano trasparire. Ci sono grandi finestre, forme cubiche perfette e una facciata in mattoni colorati, nel senso autentico dell'architettura post Bauhaus.

Una sfera di acciaio inox lucidato si trova sulla cima di un alto tubo al di sopra del parco, come simbolo della terra. Questa sfera è posta esattamente nell'estensione lineare dell'asse terrestre. All'estremità inferiore del tubo vi è una palla più piccola, che rappresenta la luna nel giusto rapporto dimensionale e di distanza rispetto alla terra, in scala 1:30 milioni.

a small terrace as a viewing platform.

Our design has traditional and regional elements – like a rusticated basement, molded window-sills in concrete and brick parapets – not transparent steel railings. There are large windows, exact cubic forms and a painted brick facade in the very sense of post Bauhaus architecture.

A polished stainless steel ball is on top of a pipe high above the park - a symbol of the earth. It is located exactly in the linear extension of the Earth's axis. At the lower end of the piped, a smaller ball is placed, which represents the moon. It is in the right size and distance relative to the Earth, at a scale of 1:30 million.

Vista dalle scale nella fase finale della costruzione con l'impalcatura per dipingere il globo.
View from the staircase in the final phase of construction with the plattform for painting the globe.

Chiesa della Guarnigione - Garnisonkirche

Garrison Church - Garnisonkirche

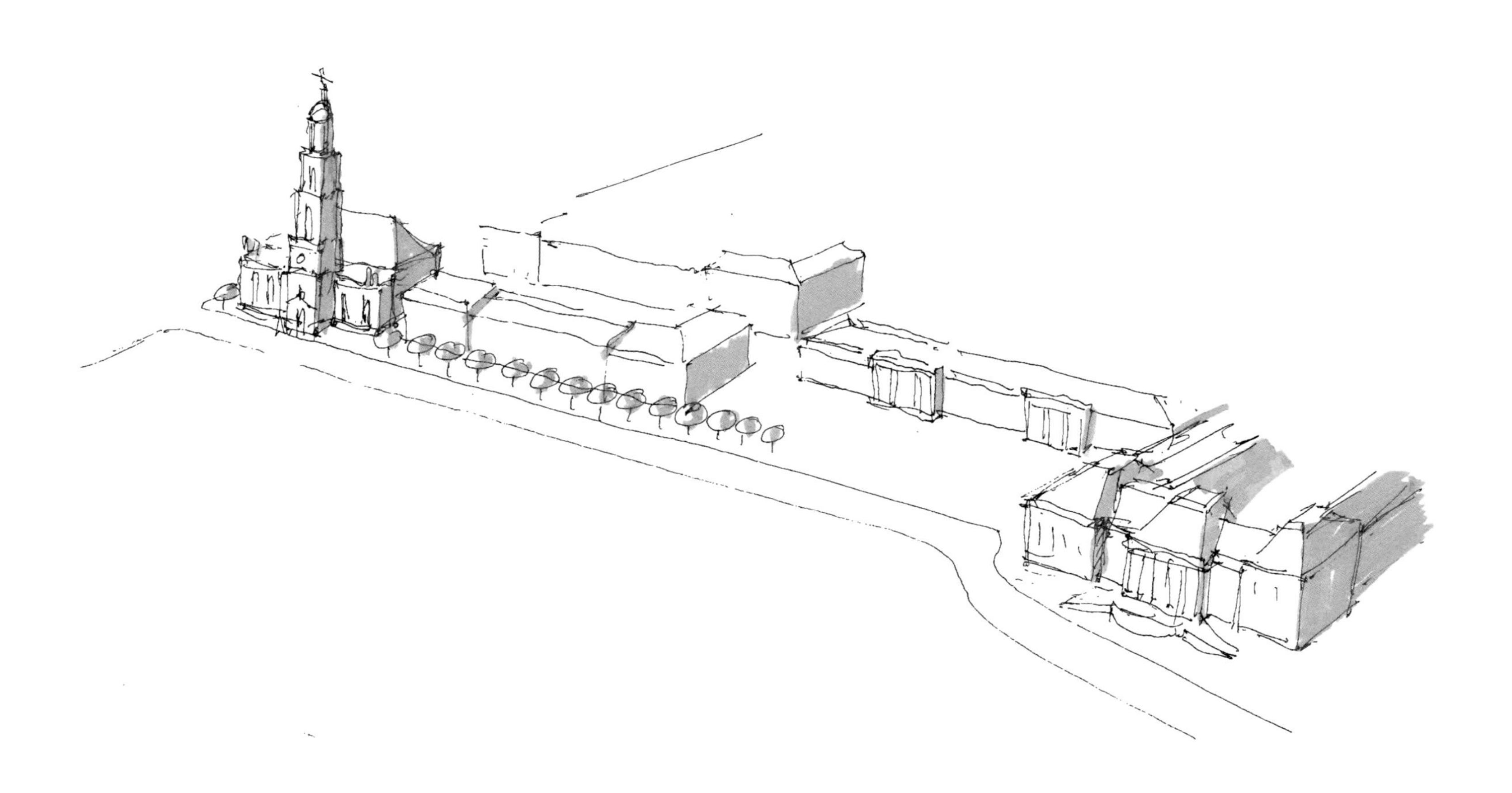

Schizzo che mostra come la Chiesa della Guarnigione
(sulla sinistra) si erge come un contrappeso allo Stadtschloss di Potsdam.
Nella pagina a fianco: rendering della chiesa terminata.

Sketch showing how Garrison Church
(on the left) stands as a counterweight to the Potsdam Stadtschloss.
Opposite page: Computer rendering of the finished church.

A sinistra: la Chiesa della Guarnigione nel 1885 circa. A destra: la Chiesa della Guarnigione nel 1945 circa.
Left: Garrison Church about 1885. Right: Garrison Church about 1945.

Nel 1735 il re di Prussia Federico Guglielmo I edificò la Chiesa della Guarnigione – Garnisonkirche – nel centro della città di Potsdam. Essendo una delle più importanti chiese barocche nel nord della Germania, servì sia i residenti che l'esercito. Ogni domenica il monarca partecipava alla funzione religiosa qui, circondato dai suoi ufficiali e soldati – fino a 3.000 uomini; il pastore predicava dal pulpito di fronte al re, e pertanto quest'ultimo e l'esercito si subordinavano simbolicamente alla chiesa e al Creatore. Più tardi il re Federico Guglielmo I, il cosiddetto "Soldatenkönig" (re soldato) e suo figlio Federico II (chiamato: "il grande") furono sepolti all'interno della chiesa. La torre – quasi 90 metri di altezza – aveva un famoso carillon e rappresentava l'unico elemento di "disturbo" nello schema rettangolare urbano.

A causa della sua grande importanza storica, la Garnisonkirche è stata vista in molti ambienti come simbolo della vecchia Prussia e per questo la cosiddetta "Giornata di Potsdam", nel febbraio del 1933, si è tenuta qui. Con un uso improprio della chiesa, l'allora presidente della Germania von Hindenburg incontrò pubblicamente il nuovo cancelliere Hitler. Henning von Tresckow, una delle figure principali nella pianificazione degli omicidi e del colpo di stato del 20 giugno 1944, viveva nella casa accanto alla Chiesa Garrison ed era – come molti altri nobili protestanti, agenti del movimento di resistenza – un importante membro della la comunità.

Nell'aprile del 1945 la chiesa fu distrutta, ma nelle stanze minuscole che rimasero nella torre venne ancora praticato il culto fino al 1968, quando il governo della Germania Est fece esplodere quello che era rimasto. Dal 2004 è nata l'idea di ricostruire questo grande testimone della storia di Potsdam e della Germania e di usarlo come una chiesa di città, moderna e aperta, che rappresenta anche un simbolo di riconciliazione. Funzionerà allo stesso tempo come chiesa, centro educativo / museo e memoriale. La ricostruzione è programmata per essere eseguita in due fasi: la prima, che deve essere completata entro l'autunno del 2017, comprenderà la ricostruzione della torre con una moderna cappella.

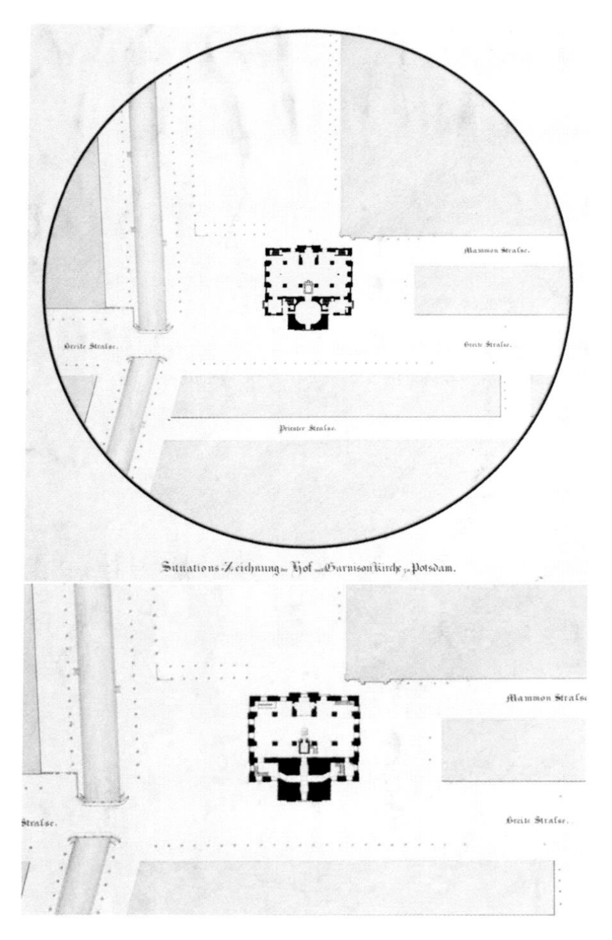

A sinistra: Noli – pianta integrata in un piano di viabilità urbana del 1830 (in alto);
Noli – pianta che mostra la forma storica della chiesa (in basso).
A destra: dipinto del 1827 di C. G. Hasenpflug, modificato in maniera tale da mostrare soltanto la prima fase della costruzione della torre, che sarà finita nel 2017.

Left: Noli – plan integrated in an urban street plan from 1830 (top);
Noli – plan, showing the historic form of the church (bottom).
Right: painting from 1827 by C.G. Hasenpflug, changed that it now shows only the first building stage of the tower, to be finished in 2017.

In 1735 the Prussian King Friedrich Wilhelm I built the Garrison Church – Garnisonkirche – in the center of the city of Potsdam. As one of the most important church buildings of North German Baroque it served the residents as well as the military. On Sundays the monarch attended the service here surrounded by his officers and soldiers – up to 3.000 men; the minister preached from the pulpit directly opposite the king: by that he and the military subordinated themselves symbolically to the church and the Creator. Later King Friedrich Wilhelm I, the so called "Soldatenkönig" (soldier king) and his son Friedrich II (called: "the great") were buried within the church. The tower – nearly 90 meters high – had a famous carillon. The tower is the only "disturbing" element in the rectangular urban sheme.

Due to the great historical significance the Garnisonkirche was seen in many circles as a symbol of old Prussia which is why the so-called "Day of Potsdam" in February 1933 was held here. In a misuse of the church the then-president of Germany von Hindenburg met publicly with the new chancellor Hitler. Henning von Tresckow, one of the main figures of the assassination and coup plans of the 20th of June 1944, lived in the house right next to the Garrison Church and was – like many other noble protestant officers of the resistance movement – an important member of the community.

In April 1945 the church was destroyed, in the tiny remaining rooms in the tower there was still worship until 1968, when the East German government blew up what was still left. Since 2004 there is now the idea of rebuilding this great witness to the history of both Potsdam and Germany and to use it as a modern and open city church, which also represents a symbol of reconciliation. It will simultaneously work as a church, as an educational center / museum and as a memorial. The rebuilding is planned to be done in two steps: the first, which is to be completed by fall 2017, will include the reconstruction of the tower with a modern chapel room.

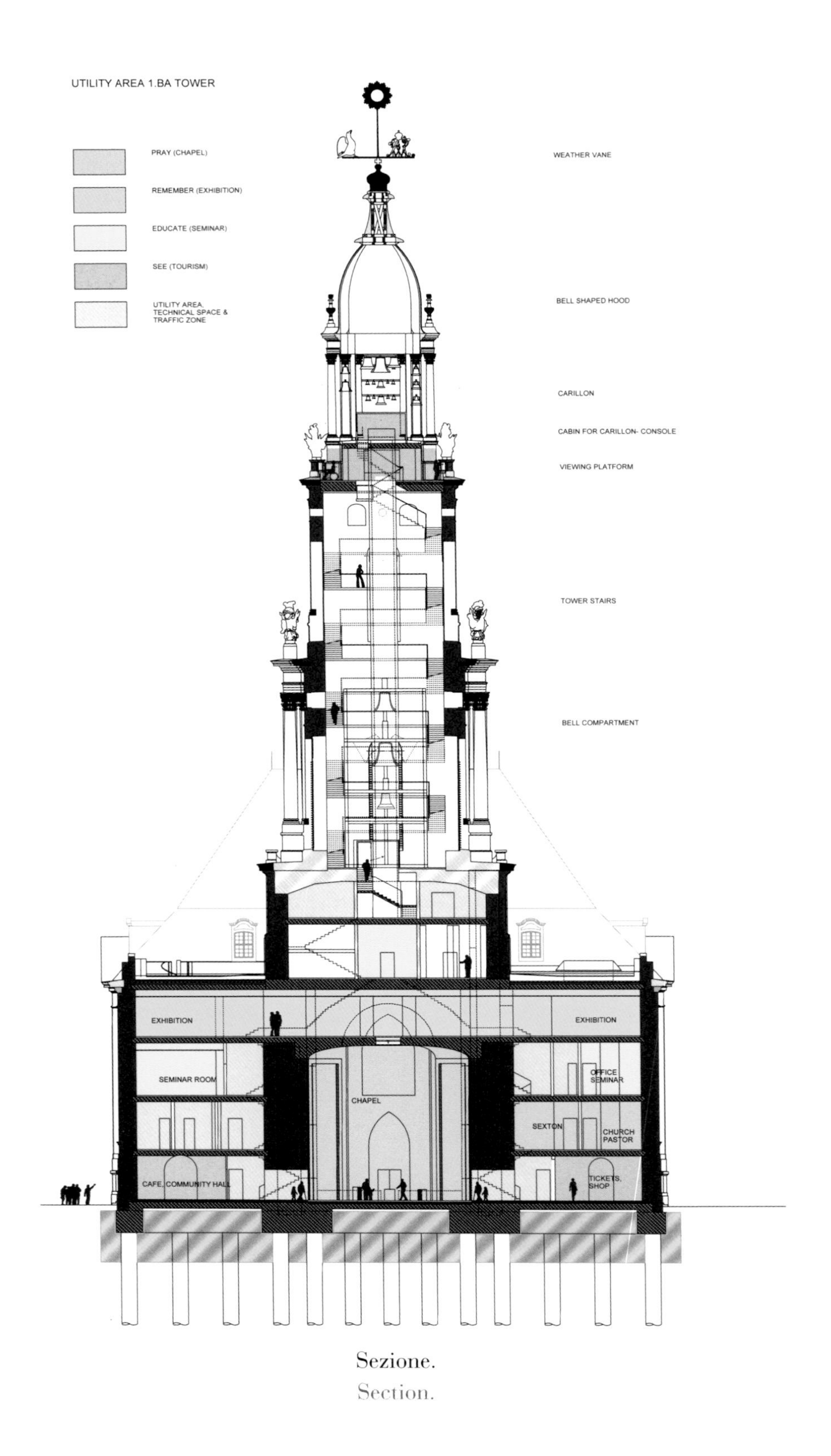

Sezione.
Section.

Quest'aula nella base della torre è progettata per essere una cappella che serva il periodo precedente e durante la costruzione. In seguito sarà utilizzata per piccole celebrazioni come battesimi e servizi per bambini. Dal momento che il materiale da costruzione per la chiesa è stato e sarà principalmente il mattone, le pareti di questa stanza mostreranno la tettonica della muratura in versione moderna: applicando un impasto di malta fine può essere rilevato il colore originale del mattone sottostante - una tecnica simile è stata applicata alla Glyptothek di Monaco. Allo stesso tempo conferisce un notevole contrasto con la navata, che era e sarà rifinita nuovamente con l'intonaco. L'aspetto esterno della ricostruzione riprenderà esattamente ciò che è stato trovato, basandosi su un'intensa attività di ricerca che ha utilizzato vecchie foto e disegni storici. Ci sarà una terrazza pubblica, ad un'altezza di circa 60 metri da terra – accessibile mediante un ascensore – che fornirà una vista panoramica della città di Potsdam, elemento ancora mancante in quest'area.

Gruppo di progetto: Frigga Uhlisch; collaboratore: Jan Strauch.

La nuova cappella all'interno della torre.
The new chapel inside the tower.

This room in the base of the tower is designed as a chapel for the period prior to and during construction. Later it will be used for small celebrations such as baptisms, children's services. Since the building material for the church was and will be mainly brick, the walls of this room will show the materiality of the brickwork in a modern version: by applying a thin mortar slurry the original color of the underlying brick can be seen – a similar technique has been applied at the Glyptothek in Munich. At the same time it gives a noticeable contrast to the nave, which was and will be finished again as a plastered room.

The outer appearance of the reconstruction will exactly follow what was found according to intense research using old photos and historic drawings. There will be a public platform at a height of about 60 meters above ground – accessible by a lift – providing a panoramic view the city of Potsdam, a feature still missing in this area.

Design team: Frigga Uhlisch; collaborator: Jan Strauch.

1

1. Heinz Hilmer: sedia in faggio // Beech chair, 2003.

2. Christoph Sattler: letto con piccolo tavolo in acciaio cromato // bed with small side table in chrome-plated steel, 1972.

3. Thomas Albrecht: porta e telaio finemente dettagliati // highly detailed door and frame, 1999.

4. Christoph Sattler: tavolino per un amico, con impiallacciatura di radici di acero e noce /
/ coffee table for a friend, in maple root veneer and walnut, 2012.

2

3

4

HILMER & SATTLER und ALBRECHT

GESELLSCHAFT VON ARCHITEKTEN MBH

Heinz Hilmer e Christoph Sattler hanno avviato la collaborazione a Monaco di Baviera nel 1968.
Il nome dello studio era allora Hilmer & Sattler.

Nel 1986 Thomas Albrecht si è unito a loro ed è diventato il terzo socio nel 1994.
Nel 1997 lo stato giuridico della società fu modificato in una GmbH (società a responsabilità limitata), da allora il nuovo nome è "Hilmer & Sattler und Albrecht".

Heinz Hilmer si è ritirato dal lavoro quotidiano nel 2008.

Nel 2009 Rita Ahlers – nell'ufficio dal 1994 – è diventata anch'essa socia.

Herman Duquesnoy – nell'ufficio dal 1998 – sta lavorando come rappresentante autorizzato.
Sigurd Hauer, Peter Solhdju, Frigga Uhlisch e Peter Westermann stanno lavorando come cosiddetti "Architetti Associati" a Berlino.
Ulrich Greiler e Jan Pautzke sono i due associati a Monaco.

Complessivamente lo studio comprende 40 architetti e 2 segretarie.

Al momento (2012), lo studio sta lavorando in tre sedi:

- ufficio di Monaco di Baviera, Georgenstraße
- ufficio di Berlino, Sophienstraße
- ufficio di Berlino, Fischerinsel, dove è prevista la ricostruzione del castello di Berlino (Berliner Stadtschloss) – in collaborazione con Franco Stella

Heinz Hilmer and Christoph Sattler started to collaborate in Munich in 1968.
The name of the office was then Hilmer & Sattler.

In 1986 Thomas Albrecht joined in and become the third partner in 1994.
In 1997 the legal status of the firm was changed into a GmbH (limited liability), since then the new name is "Hilmer & Sattler und Albrecht".

Heinz Hilmer withdrew from daily work in 2008.

In 2009 Rita Ahlers – in the office since 1994 – became a partner, too.

Herman Duquesnoy – in the office since 1998 – is working as an authorized officer.
Sigurd Hauer, Peter Solhdju, Frigga Uhlisch and Peter Westermann are working as so called "Associates Architects" in Berlin.
Ulrich Greiler and Jan Pautzke are the two Associates in Munich.

Altogether the firm includes 40 architects and 2 secretaries.

Right now (2012) the office is working on three locations:

- Munich office, Georgenstraße
- Berlin office, Sophienstraße
- Berlin office, Fischerinsel, where the rebuilding of the Berlin City Palace (Berliner Stadtschloss) – in collaboration with Franco Stella – is planned